BUCATARIA ANDALUZA

100 de rețete spaniole din țara celor o mie de peisaje

Nadia Bîrsan

Material cu drepturi de autor ©2024

Toate drepturile rezervate

Nicio parte a acestei cărți nu poate fi utilizată sau transmisă sub nicio formă sau prin orice mijloc fără acordul scris corespunzător al editorului și al proprietarului drepturilor de autor, cu excepția citatelor scurte utilizate într-o recenzie. Această carte nu trebuie cusiderată un substitut al sfaturilor medicale, juridice sau de altă natură profesională.

CUPRINS

CUPRINS 3
INTRODUCERE 6
MIC DEJUN 7
   1. Tortilla spaniolă (Tortilla Española) 8
   2. Churros cu ciocolată 10
   3. Magdalena 12
   4. Ous Rotos cu Jamón 14
   5. spaniolă cu spanac și feta 16
   6. Spaniol Chicharrónes Cu Ou 18
   7. Sufleu de mic dejun spaniol 20
   8. Frittata de bacu, ardei roșu și mozzarella 22
   9. Mămăligă spaniolă încărcată 24
   10. Pisto cu Ou 26
   11. Brioșe de tărâțe pentru mic dejun 28
   12. spaniol Înfășura 30
   13. Pan cu Tomate (pâine cu roșii) 32
   14. Hash spaniol cu doi cartofi 34
   15. Brioșe spaniole cu ouă 36
   16. Făină de ovăz peste noapte cu nuci de pin 38
   17. Încăierare și Ouă 40
   18. Încăierare cu feta și roșii 42
   19. Omletă cu roșii și feta 44
   20. Iaurt grecesc cu miere si nuci 46
   21. Bol de mic dejun spaniol 48
   22. spaniolă de avocado și roșii 50
APERITIVE 52
   23. Fritje crocante de creveți 53
   24. Roșii umplute 55
   25. Bejjelii de cod cu aioli 57
   26. Crochete cu creveți 60
   27. Crocant cartofi cudimentați 62
   28. Crevetă gambas 64
   29. Vinaigretă de midii 66
   30. Ardei umpluți cu orez 68
   31. Calamari cu rozmarin si ulei de ardei iute 70
   32. Salata de Paste Caprese 72
   33. Bruscheta balsamica 74
   34. Mușcături de scoici și șuncă uscată 76

35. Vinete cu miere 78
36. Cârnați gătiți în cidru 80
37. Kebab spaniol de vita 82
38. Manchego cu cuserva de portocale 84
39. Pintxo de pui 87
40. Churros cu cinci cudimente 89
41. Churros de porumb picant 91

FORM PRINCIPAL 95
42. Paella Valenciana 96
43. Gazpacho Andaluz (Supă rece de roșii) 98
44. Orez spaniol 100
45. Salată spaniolă de cartofi 102
46. Carbonara spaniolă 104
47. Chifteluțe în sos de roșii 106
48. Supă de fasole albă 108
49. Fabada Asturiana (Tocanita de fasole asturiana) ...110
50. Pui Marsala 112
51. Fetuccini cu pui Alfredo 114
52. Diavolo cu fructe de mare 116
53. Linguine și scampi de creveți 118
54. Creveți cu sos de cremă pesto 120
55. Supă de pește și chorizo 122
56. Ratatouille spaniolă 124
57. Tocană de fasole și chorizo 126
58. Gazpacho 128
59. Calamar și orez 130
60. Tocană de iepure în Tomat o 132
61. Creveți cu Fenicul 134

DESERT 136
62. Flan de Leche (flan spaniol) 137
63. Tarta de Santiago (tort cu migdale) 139
64. Brânzos Galette cu Salam 141
65. Plăcintă cremoasă de ricotta 143
66. Biscuiți cu anason 145
67. Flan de Caramel 147
68. Crema Catalana 149
69. Cremă spaniolă de portocale-lămâie 151
70. D pepene galben 153
71. Un sorbet de migdale 155
72. tort spaniol cu mere 157
73. Crema caramel 160
74. Prajitura cu branza spaniol 162
75. Cremă spaniolă prăjită 164

76. cu nuci 166
77. Budincă cu miere 168
78. tort cu ceapă spaniolă 170
79. Sufleu spaniol la tigaie 172

BĂUTURI 174
80. Rom & Ghimbir 175
81. Sangria spaniolă 177
82. Tinto de verano 179
83. Sangria de vin alb 181
84. Horchata 183
85. Licor 43 Cuba Libre 185
86. Fruit Apa dulce 187
87. Caipirinha 189
88. Carajillo 191
89. Lichior de lamaie 193
90. Sgroppino 195
91. Aperol Spritz 197
92. Gingermore 199
93. Hugo 201
94. Frappé spaniol de fructe proaspete 203
95. Ciocolată caldă în stil spaniol 205
96. Chinotto verde 207
97. Rose S pritz 209
98. Cortado de albine 211
99. Amărui de citrice 213
100. Pisco Sour 215

CUCLUZIE 217

INTRODUCERE

Bine ați venit la „Bucataria Andaluza", unde ne adâncim în bogata moștenire culinară a regiunii de sud a Spaniei, cunoscută pentru peisajele sale diverse, cultura vibrantă și bucătăria delicioasă. Cu coastele sale uluitoare, câmpiile fertile și munții maiestuoși, Andaluzia este o țară de cutraste care a captivat călătorii și pasionații de mâncare deopotrivă de secole. În această carte de bucate, sărbătorim aromele și tradițiile bucătăriei andaluze cu 100 de rețete autentice care prezintă diversitatea culinară și creativitatea culinară a regiunii.

În această carte de bucate, vă veți porni într-o călătorie culinară prin Andalucia, descoperind o tapiserie de arome și ingrediente care reflectă influențele culturale unice ale regiunii și diversitatea geografică. De la emblematicul gazpacho și salmorejo răcoritor până la tocane copioase precum rabo de toro și tapas tradiționale precum gambas al ajillo, fiecare rețetă este o sărbătoare a gastronomiei andaluze, unde ingredientele proaspete, de sezon sunt transformate în experiențe culinare de neuitat.

Ceea ce diferențiază „Bucataria Andaluza" este accentul pus pe autenticitate și tradiție. Fiecare rețetă a fost cercetată și testată cu meticulozitate pentru a se asigura că surprinde adevărata esență a bucătăriei andaluze, onorând tehnicile de gătit vechi de secole și combinațiile de arome care au fost transmise de-a lungul generațiilor. Indiferent dacă sunteți un bucătar experimentat sau un novice culinar, aceste rețete oferă un gust din bogata tapiserie de arome care definesc gastronomia andaluză.

De-a lungul acestei cărți de bucate, veți găsi sfaturi practice pentru a procura ingrediente autentice , pentru a stăpâni tehnicile esențiale de gătit și pentru a crea experiențe memorabile culinare inspirate din peisajele și tradițiile Andaluziei. Fie că găzduiești o adunare festivă cu prietenii sau pur și simplu vrei să-ți infuzezi mesele cu aromele Spaniei, „Bucataria Andaluza" te invită să savurezi bogăția și diversitatea bucătăriei andaluze în propria ta casă.

MIC DEJUN

1. Tortilla spaniolă (Tortilla Española)

INGREDIENTE:
- 6 ouă mari
- 1 kilogram (aproximativ 3 medii) de cartofi, decojiți și tăiați felii subțiri
- 1 ceapă mare, tăiată subțire
- Sarat la gust
- Ulei de măsline pentru prăjit

INSTRUCȚIUNI:
a) Într-o tigaie mare, se încălzește o cantitate generoasă de ulei de măsline la foc mediu. Adăugați cartofii și ceapa, cudimentați cu sare și gătiți ușor, amestecând din când în când, până când cartofii sunt moi, dar nu se rumenesc, aproximativ 20 de minute.
b) Într-un castron mare, bate ouăle cu un praf de sare. Scurgeți cartofii și ceapa din ulei și adăugați-le în ouăle bătute, amestecându-le ușor.
c) Scoateți cea mai mare parte a uleiului din tigaie, lăsând doar cât să acopere fundul. Puneti tigaia la foc mediu si adaugati amestecul de ou-cartofi-ceapa, intindendu-l uniform.
d) Gătiți tortilla până când partea de jos este maro aurie și partea de sus este așezată, dar ușor curgătoare, aproximativ 5 minute. Puneți o farfurie mare peste tigaie și răsturnați cu grijă tortilla pe farfurie, apoi glisați-o înapoi în tigaie pentru a găti cealaltă parte. Gatiti inca 3-5 minute pana se rumenesc.
e) Lasati tortilla sa se raceasca cateva minute inainte de servire. Poate fi savurat fierbinte, la temperatura camerei sau rece.

2.Churros cu ciocolată

INGREDIENTE:
PENTRU CHURROS:
- 1 cană apă
- 1/2 cană unt
- 1/4 lingurita sare
- 1 cană de făină universală
- 3 oua
- Ulei vegetal pentru prajit
- Zahăr pentru acoperire

SOS DE CIOCOLATA:
- 1/2 cana ciocolata neagra, tocata
- 1 cană lapte
- 1 lingura amidon de porumb
- 2 linguri de zahar

INSTRUCȚIUNI:
a) Într-o cratiță, puneți la fiert apa, untul și sarea. Adaugam faina toata odata, amestecand energic pana cand amestecul formeaza o bila. Se ia de pe foc si se lasa putin sa se raceasca.
b) Bateți ouăle în aluat pe rând, asigurându-vă că fiecare este complet încorporat înainte de a le adăuga pe următorul.
c) Încinge uleiul într-o friteuză sau o tigaie mare la 375 ° F (190 ° C). Introduceți fâșii de aluat în ulei folosind o pungă de patiserie prevăzută cu un vârf mare stea. Se prăjește până se rumenește, apoi se scoate și se scurg pe prosoape de hârtie. Adăugați zahăr cât este încă cald.
d) Pentru sosul de ciocolată amestecați amidonul de porumb cu puțin lapte pentru a face o pastă. Se încălzește laptele rămas într-o cratiță cu zahărul. Adăugați ciocolata și pasta de amidon de porumb, amestecând până când ciocolata se topește și sosul se îngroașă.
e) Serviți churros cald cu sosul de ciocolată pentru înmuiere.

3. Magdalena

INGREDIENTE:
- 2/3 cană ulei de măsline sau ulei vegetal
- 3/4 cană zahăr
- Zest de 1 lămâie
- 3 ouă mari
- 1 1/2 cani de faina universala
- 1 1/2 linguriță praf de copt
- 1/4 cană lapte
- Putina sare

INSTRUCȚIUNI:
a) Preîncălziți cuptorul la 375°F (190°C) și tapetați o tavă de brioșe cu folii de hârtie.
b) Într-un castron, amestecați uleiul, zahărul și coaja de lămâie. Adăugați ouăle pe rând, amestecând bine după fiecare adăugare.
c) Cerneți făina, praful de copt și sarea în amestecul de ouă, alternând cu laptele, și amestecați până se omogenizează.
d) Umpleți cupele pentru brioșe la 3/4 cu aluat. Coacem 18-20 de minute sau pana cand devine auriu si o scobitoare introdusa in centru iese curata.
e) Serviți magdalena cu cafe cu leche pentru un mic dejun tradițional spaniol.

4.Ous Rotos cu Jamón

INGREDIENTE:
- 2 cartofi mari, curatati de coaja si taiati felii subtiri sau cuburi
- Ulei de măsline pentru prăjit
- Sarat la gust
- 4 ouă
- 4 felii de Jamón Serrano sau Iberico (șuncă spaniolă)
- Opțional: ardei verzi tăiați felii sau ceapă pentru un plus de aromă

INSTRUCȚIUNI:
a) Încinge o cantitate generoasă de ulei de măsline într-o tigaie mare la foc mediu. Adăugați cartofii (și ardeii verzi sau ceapa dacă folosiți), cudimentați cu sare și prăjiți până devin aurii și crocanți. Scoateți și scurgeți pe prosoape de hârtie.
b) În aceeași tigaie, reduceți uleiul la doar cât să prăjiți ouăle. Se sparg ouale in tigaie si se prajesc dupa bunul plac, asezonand cu putina sare.
c) Aranjați cartofii prăjiți pe o farfurie, acoperiți cu ouăle prăjite și apoi rupeți feliile de Jamón Serrano sau Iberico deasupra. Căldura de la ouă și cartofi va încălzi puțin șunca.
d) Serviți imediat, rupând gălbenușurile astfel încât să treacă peste cartofi și șuncă, amestecând totul pe măsură ce mâncați.

5.spaniolă cu spanac și feta

INGREDIENTE:
- 2 ouă mari
- 1 lingura ulei de masline
- ¼ cană brânză feta, măruntită
- O mână de frunze de spanac
- Sare si piper dupa gust

INSTRUCȚIUNI:
a) Bateți ouăle într-un bol și asezonați cu sare și piper.
b) Încinge ulei de măsline într-o tigaie antiaderentă la foc mediu.
c) Adăugați spanacul și gătiți până se ofilește.
d) Peste legume se toarnă ouăle bătute și se lasă să se întărească pentru o clipă.
e) Presărați brânză feta pe o jumătate de omletă și pliați cealaltă jumătate peste ea.
f) Gătiți până când ouăle sunt complet întărite.

6.Spaniol Chicharrónes Cu Ou

INGREDIENTE:
- 1 cană chicharrónes de porc (piei de porc prăjite), zdrobite
- 4 ouă mari
- ½ cană de roșii tăiate cubulețe
- ¼ cană ceapă roșie tăiată cubulețe
- 2 linguri ulei de masline

INSTRUCȚIUNI:
a) Intr-un castron batem ouale si asezonam cu sare si piper.
b) Încinge ulei de măsline într-o tigaie la foc mediu.
c) Adăugați roșii tăiate cubulețe, ceapă roșie tăiată cubulețe și jalapeño tăiat cubulețe în tigaie. Se calesc pana cand legumele se inmoaie.
d) Se toarnă ouăle bătute în tigaie, amestecând ușor pentru a se combina cu legumele.
e) Odată ce ouăle încep să se întărească, adăugați chicharrónes zdrobiți în tigaie, cutinuând să amestecați până când ouăle sunt fierte.
f) Se serveste fierbinte, stropite cu coriandru proaspat tocat si cu felii de lime in lateral.

7.Sufleu de mic dejun spaniol

INGREDIENTE:
- 6 ouă mari, separate
- ½ cană brânză feta, mărunțită
- ¼ cană măsline negre, tăiate felii
- ¼ cana rosii uscate la soare, tocate
- ¼ cană busuioc proaspăt, tocat

INSTRUCȚIUNI:
a) Preîncălziți cuptorul la 375 ° F (190 ° C).
b) Bate galbenusurile pana se omogenizeaza bine intr-un castron mare.
c) Într-un castron separat, bate albușurile până se formează vârfuri tari.
d) Incorporati usor branza feta, masline negre feliate, rosii uscate tocate si busuioc proaspat in galbenusurile de ou batute.
e) Incorporati cu grija albusurile batute spuma pana se omogenizeaza.
f) Se cudimenteaza cu sare si piper dupa gust.
g) Ungeți o tavă de copt și turnați amestecul în ea.
h) Coaceți 25-30 de minute sau până când sufleul este umflat și auriu.
i) Scoatem din cuptor si lasam sa se raceasca inainte de servire.

8.Frittata de bacu, ardei roșu și mozzarella

INGREDIENTE:
- 7 felii Bacu
- 1 lingura ulei de masline
- 4 ouă mari
- 4 uncii de brânză Mozzarella proaspătă, cuburi
- 1 ardei gras roșu mediu

INSTRUCȚIUNI:
a) Preîncălziți cuptorul la 350°F.
b) Într-o tigaie încinsă, adăugați 1 lingură de ulei de măsline și gătiți 7 felii de slănină până se rumenesc.
c) Adăugați ardeiul gras roșu tocat în tigaie și amestecați bine.
d) Bateți 4 ouă mari într-un castron, adăugați 4 uncii de mozzarella proaspătă tăiată cuburi și amestecați bine.
e) Adăugați amestecul de ouă și brânză în tigaie, asigurând o distribuție uniformă.
f) Gatiti pana cand ouale incep sa se fixeze in jurul marginilor.
g) Răziți 2 uncii de brânză de capră deasupra frittatei.
h) Transferați tava la cuptor și coaceți timp de 6-8 minute la 350°F, apoi coaceți încă 4-6 minute până când blatul devine maro auriu.
i) Scoatem din cuptor si lasam sa se odihneasca putin timp.
j) Scoateți cu grijă frittata din tigaie, ornați cu pătrunjel proaspăt tocat și feliați înainte de servire.

9.Mămăligă spaniolă încărcată

INGREDIENTE:
- 1 cană mămăligă
- 4 căni de bulion de legume
- 2 linguri ulei de masline
- 1 cuserve (400 g) roșii tăiate cubulețe, scurse
- 1 cană inimioare de anghinare, tocate

INSTRUCȚIUNI:

a) Într-o cratiță medie, aduceți bulionul de legume la fiert. Adaugam mamaliga, amestecand cutinuu pana devine groasa si cremoasa.

b) Într-o tigaie separată, încălziți ulei de măsline la foc mediu. Se caleste ceapa tocata marunt pana devine translucida.

c) Adăugați usturoiul tocat în tigaie și prăjiți încă 1-2 minute.

d) Se amestecă roșiile scurse tăiate cubulețe, inimile de anghinare tăiate și se cudimentează cu sare și piper. Gatiti 5-7 minute pana se incalzeste.

e) Turnați amestecul de legume spaniole peste mămăligă, amestecând ușor pentru a se combina.

10. Pisto cu Ou

INGREDIENTE:
- 2 linguri ulei de masline
- 1 ceapă, tăiată cubulețe
- 1 ardei gras verde, taiat cubulete
- 1 ardei gras rosu, taiat cubulete
- 2 dovlecei, tăiați cubulețe
- 2 rosii, curatate si tocate
- Sare si piper dupa gust
- 4 ouă
- Pătrunjel tocat pentru decor

INSTRUCȚIUNI:
a) Încinge uleiul de măsline într-o tigaie mare la foc mediu. Adăugați ceapa și ardeii, gătiți până încep să se înmoaie.
b) Adăugați dovlecelul și gătiți încă câteva minute până când începe să se înmoaie.
c) Se amestecă roșiile, se cudimentează cu sare și piper și se fierbe amestecul până se îngroașă, aproximativ 15-20 de minute, amestecând din când în când.
d) Odată ce legumele sunt moi și amestecul are o cusistență asemănătoare sosului, faceți patru godeuri în pisto și spargeți un ou în fiecare godeu. Acoperiți tigaia și gătiți până când ouăle sunt setate după bunul plac.
e) Se presara patrunjel tocat inainte de servire.

11.Brioșe de tărâțe pentru mic dejun

INGREDIENTE:
- 2 cani de cereale din fulgi de tarate
- 1 1/2 cani de faina universala
- 1/2 cană stafide
- 1/3 cană zahăr
- 3/4 cană suc proaspăt de portocale

INSTRUCȚIUNI:
a) Preîncălziți cuptorul la 400°F.
b) Unge ușor o formă de brioșe de 12 căni sau tapetează-o cu folii de hârtie.
c) Într-un castron mare, combinați fulgii de tărâțe, făina, stafidele, zahărul și sarea.
d) Într-un castron mediu, amestecați sucul proaspăt de portocale și uleiul.
e) Turnați ingredientele umede în ingredientele uscate și amestecați până se umezesc.
f) Turnați aluatul în tava de brioșe pregătită, umplând cupele pe aproximativ două treimi.
g) Coacem pana devine maro auriu si o scobitoare introdusa intr-o briosa iese curata, aproximativ 20 de minute.
h) Serviți brioșele calde.

12.spaniol Înfăşura

INGREDIENTE:
- Înfășura din cereale integrale sau pâine
- Hummus
- Somon afumat
- Castraveți, feliați subțiri
- Mărar proaspăt, tocat

INSTRUCȚIUNI:
a) Răspândește hummus uniform peste folie cu cereale integrale.
b) Strat de somon afumat și castraveți tăiați subțiri.
c) Se presară mărar proaspăt tocat.
d) Rulați strâns folia și tăiați-o în jumătate.

13.Pan cu Tomate (pâine cu roșii)

INGREDIENTE:
- 4 felii de pâine crustă
- 2 roșii coapte, tăiate la jumătate
- 1 cățel de usturoi, decojit
- Ulei de măsline extra virgin
- Sarat la gust
- Opțional: șuncă tăiată sau brânză pentru topping

INSTRUCȚIUNI:
a) Prăjiți feliile de pâine până devin aurii și crocante.
b) Frecați ușor pâinea prăjită cu cățelul de usturoi.
c) Tăiați roșiile în jumătate și frecați partea deschisă a roșiilor peste pâine, apăsând ușor pentru a elibera sucul și pulpa pe pâine. Pâinea trebuie să fie umedă cu roșii.
d) Stropiți fiecare felie cu ulei de măsline și stropiți cu sare după gust.
e) Dacă doriți, acoperiți cu felii de șuncă sau brânză. Serviți imediat.

14. Hash spaniol cu doi cartofi

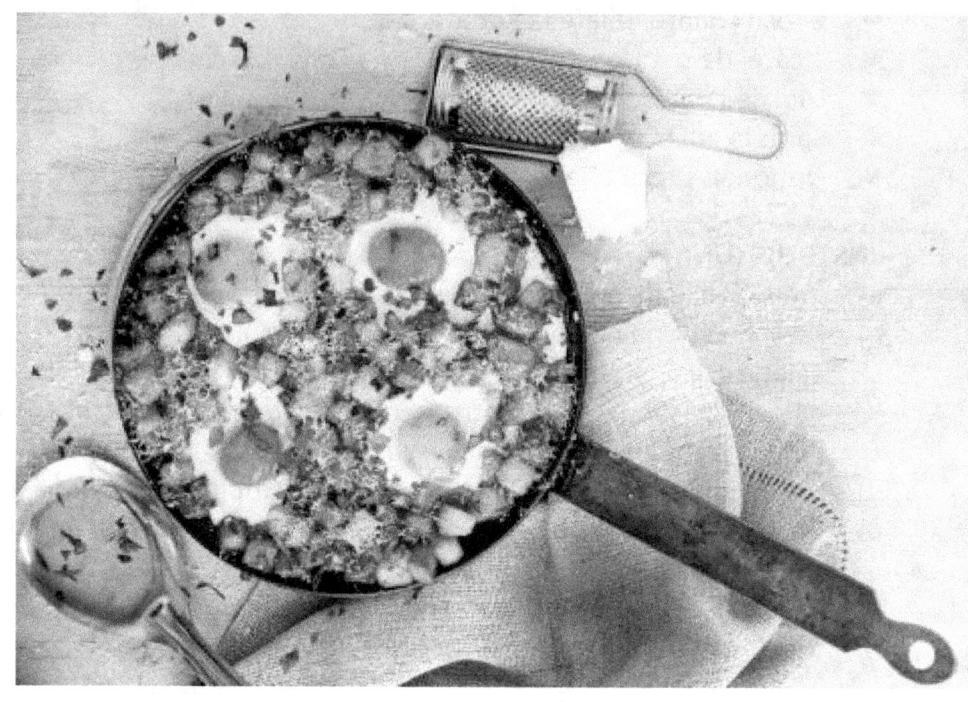

INGREDIENTE:
- Ulei de măsline pentru prăjit
- ½ ceapă, tocată grosier
- 80 g cuburi de pancetta afumată
- 1 cartof dulce mare, tăiat în cuburi de 2 cm
- 2-3 cartofi Désirée medii, tăiați în cuburi de 2 cm

INSTRUCȚIUNI:
a) Încinge ulei de măsline într-o tigaie mare la foc mediu.
b) Adăugați ceapa tocată gros și căleți până devine translucid.
c) Adăugați cuburi de pancetta afumată în tigaie și gătiți până încep să se rumenească.
d) Adăugați cartofii dulci și cartofii Désirée în tigaie. Gatiti pana cartofii sunt fragezi si au o crusta aurie (aproximativ 15 minute).
e) Faceți patru godeuri în haș și spargeți un ou în fiecare godeu. Acoperiți tigaia și gătiți până când ouăle sunt gata după bunul plac.
f) Se ornează cu parmezan ras fin și pătrunjel proaspăt tocat.

15.Brioșe spaniole cu ouă

INGREDIENTE:
- 6 ouă mari
- ½ cană de roșii cherry, tăiate cubulețe
- ½ cană spanac, tocat
- ¼ cană brânză feta, mărunțită
- 1 lingura masline negre, taiate felii

INSTRUCȚIUNI:
a) Preîncălziți cuptorul la 375 ° F (190 ° C). Ungeți o tavă de brioșe cu ulei de măsline sau folosiți folii de hârtie.
b) Într-un castron, bateți ouăle împreună. Asezonați cu sare și piper.
c) Într-o tigaie, căliți roșiile cherry, spanacul și ardeiul gras roșu în ulei de măsline până se înmoaie.
d) Distribuiți uniform legumele sotate în tava de brioșe pregătită.
e) Turnați ouăle bătute peste legumele din fiecare ceașcă de brioșe.
f) Presărați brânză feta mărunțită, măsline negre feliate și pătrunjel proaspăt tocat deasupra fiecărei brioșe cu ou.
g) Coacem in cuptorul preincalzit timp de 15-20 de minute sau pana cand ouale sunt intarite si blaturile sunt aurii.
h) Lăsați brioșele cu ouă să se răcească câteva minute înainte de a le scoate din tava pentru brioșe.

16.Făină de ovăz peste noapte cu nuci de pin

INGREDIENTE:
- 1 cană de fulgi de ovăz de modă veche
- 1 cană iaurt grecesc
- 1 cană lapte (lactate sau pe bază de plante)
- 2 linguri miere
- 2 linguri nuci de pin, prajite

INSTRUCȚIUNI:
a) Într-un castron, combinați fulgi de ovăz, iaurt grecesc, lapte, miere și extract de vanilie. Se amestecă până se amestecă bine.
b) Încorporați nuci de pin prăjite.
c) Împărțiți amestecul în două borcane sau recipiente ermetice.
d) Sigilați borcanele sau recipientele și dați la frigider peste noapte sau timp de cel puțin 4 ore pentru a permite ovăzului să se înmoaie și aromelor să se topească.
e) Înainte de servire, amestecați bine fulgii de ovăz peste noapte. Dacă este prea groasă, puteți adăuga un strop de lapte pentru a obține cusistența dorită.

17. Încăierare și Ouă

INGREDIENTE:
- 4 ouă mari
- 2 cani de spanac proaspat, tocat
- 1 lingura ulei de masline
- ½ ceapă, tocată mărunt
- Sare si piper dupa gust

INSTRUCȚIUNI:
a) Intr-un castron batem ouale si asezonam cu sare si piper.
b) Încinge ulei de măsline într-o tigaie la foc mediu.
c) Adăugați ceapa tocată și căliți până se înmoaie.
d) Adăugați usturoiul tocat și spanacul tocat în tigaie. Gatiti pana se ofileste spanacul.
e) Turnați ouăle bătute în tigaie peste amestecul de spanac.
f) Amestecați ouăle ușor cu o spatulă până când sunt fierte, dar încă umede.
g) Scoateți tigaia de pe foc.
h) Opțional: dacă doriți, presărați brânză feta mărunțită peste ouă și amestecați pentru a se combina.
i) Se ornează cu roșii cherry tăiate în jumătate și pătrunjel proaspăt tocat.
j) Servește amestecul de spanac și ouă fierbinte și bucură-te!

18. Încăierare cu feta și roșii

INGREDIENTE:
- ouă
- Brânză feta, măruntită
- Roșii cherry, tăiate cubulețe
- Busuioc proaspăt, tocat
- Ulei de masline

INSTRUCȚIUNI:
a) Intr-un castron batem ouale si asezonam cu sare si piper.
b) Încinge uleiul de măsline într-o tigaie și amestecă ouăle.
c) Adauga feta maruntita si rosiile cherry taiate cubulete.
d) Gătiți până când ouăle sunt complet întărite.
e) Se presara busuioc proaspat tocat inainte de servire.

19.Omletă cu roșii și feta

INGREDIENTE:
- 2 lingurite ulei de masline
- 4 oua, batute
- 8 roșii cherry, tocate
- 50 g branza feta, maruntita
- frunze de salata mixte, de servit (optional)

INSTRUCȚIUNI:
- Se încălzește uleiul într-o tigaie, se adaugă ouăle și se fierbe, învârtindu-le din când în când. După câteva minute, împrăștiați feta și roșiile. Gatiti inca un minut inainte de servire.
- Se incinge uleiul intr-o tigaie cu capac, apoi se caleste ceapa, chiliul, usturoiul si tulpinile de coriandru timp de 5 minute pana se inmoaie. Se amestecă roșiile, apoi se fierbe timp de 8-10 minute.
- Cu dosul unei linguri mari, faceți 4 scufundări în sos, apoi spargeți un ou în fiecare. Puneți un capac pe tigaie, apoi gătiți la foc mic timp de 6-8 minute, până când ouăle sunt făcute după bunul plac.
- Se presara cu frunzele de coriandru si se serveste cu paine.

20.Iaurt grecesc cu miere si nuci

INGREDIENTE:
- iaurt grecesc
- Miere
- Migdale, tocate
- Nuci, tocate
- fructe de padure proaspete (optional)

INSTRUCȚIUNI:
a) Puneti iaurt grecesc intr-un castron.
b) Stropiți cu miere peste iaurt.
c) Se presara deasupra migdale si nuca tocate.
d) Adăugați fructe de pădure proaspete dacă doriți.

21. Bol de mic dejun spaniol

INGREDIENTE:
- Quinoa fiartă
- Hummus
- Castraveți, tăiați cubulețe
- Roșii cherry, tăiate la jumătate
- Măsline Kalamata, feliate

INSTRUCȚIUNI:
a) Puneți quinoa fiartă într-un castron.
b) Adăugați cuburi de hummus.
c) Împrăștiați castraveți tăiați cubulețe, roșii cherry tăiate în jumătate și măsline Kalamata feliate.
d) Se amestecă înainte de a savura.

22. spaniolă de avocado și roșii

INGREDIENTE:
- 2 avocado coapte, taiate cubulete
- 2 roșii, tăiate cubulețe
- 1/4 cana ceapa rosie, tocata marunt
- 2 linguri patrunjel proaspat, tocat
- 1 lingura ulei de masline
- 1 lingura suc de lamaie
- Sare si piper, dupa gust

INSTRUCȚIUNI:
a) Într-un castron, combinați avocado tăiat cubulețe, roșiile, ceapa roșie și pătrunjelul proaspăt.
b) Într-un castron mic, amestecați uleiul de măsline, sucul de lămâie, sarea și piperul.
c) Se toarnă dressingul peste salată și se amestecă ușor pentru a se combina.
d) Serviți imediat ca garnitură răcoritoare.

APERITIVE

23. Fritje crocante de creveți

INGREDIENTE:
- ½ kg de creveți mici, decojiți
- 1½ cană de năut sau făină obișnuită
- 1 lingură pătrunjel proaspăt cu frunze plate tocat
- 3 ceai, partea alba si putin din blaturile verzi fragede, tocate marunt
- ½ linguriță boia dulce /pimenton
- Sare
- Ulei de măsline pentru prăjire

INSTRUCȚIUNI:
a) Gatiti crevetii intr-o cratita cu apa cat sa ii acopere si aduceti la fiert la foc mare.
b) Într-un castron sau într-un robot de bucătărie, combinați făina, pătrunjelul, ceapa și pimentón pentru a obține aluatul. Adăugați apa de gătit răcită și un praf de sare.
c) Amestecați sau procesați până când obțineți o textură care este puțin mai groasă decât aluatul de clătite. Dati la frigider 1 ora dupa acoperire.
d) Scoateți creveții din frigider și tocați-i mărunt. Cafeaua măcinată trebuie să aibă dimensiunea bucăților.
e) Scoateți aluatul din frigider și adăugați creveții.
f) Într-o tigaie grea, turnați uleiul de măsline la o adâncime de aproximativ 1 inch și încălziți la foc mare până când practic devine afumat.
g) Pentru fiecare pâine, turnați 1 lingură de aluat în ulei și aplatizați aluatul cu dosul unei linguri într-o formă circulară de 3 1/2 inci în diametru.
h) Se prăjește aproximativ 1 minut pe fiecare parte, rotindu-se o dată, sau până când prajiturile sunt aurii și crocante.
i) Scoateți frijiile cu o lingură cu fantă și puneți-le pe o tavă rezistentă la cuptor.
j) Serviți imediat.

24. Roșii umplute

INGREDIENTE:

- 8 roșii mici sau 3 mari
- 4 oua fierte tari, racite si curatate de coaja
- 6 linguri Aioli sau maioneză
- Sare si piper
- 1 lingura patrunjel, tocat
- 1 lingură pesmet alb, dacă folosiți roșii mari

INSTRUCȚIUNI:

a) Puneți roșiile într-un lighean cu apă cu gheață sau extrem de rece după ce le-ați jupuit într-o oală cu apă clocotită timp de 10 secunde.
b) Tăiați vârfurile roșiilor. Folosind o linguriță sau un cuțit mic și ascuțit, răzuiți semințele și interiorul.
c) Pasează ouăle cu aioli (sau maioneza, dacă folosești), sare, piper și pătrunjel într-un castron.
d) Umpleți roșiile cu umplutură, apăsând-le ferm. Înlocuiți capacele într-un unghi liniștit pe roșii mici.
e) Umpleți roșiile până la vârf, apăsând ferm până se nivelează. Dați la frigider timp de 1 oră înainte de a tăia inele folosind un cuțit ascuțit.
f) Se orneaza cu patrunjel.

25.Bejjelii de cod cu aioli

INGREDIENTE:
- 1 kg cod sare , înmuiat
- 3 1/2 oz pesmet alb uscat
- 1/4 lb cartofi făinoase
- Ulei de măsline, pentru prăjire superficială
- 1/4 cană lapte
- Roți de lămâie și frunze de salată, de servit
- 6 cepe primavara tocate marunt
- Aioli

INSTRUCȚIUNI:
a) Într-o cratiță cu apă clocotită ușor sărată, fierbeți cartofii, necurățați, timp de aproximativ 20 de minute, sau până când se înmoaie. Scurgere.
b) Curățați cartofii imediat ce sunt suficient de reci pentru a fi manipulați, apoi pasați cu o furculiță sau cu un zdrobitor.
c) Într-o cratiță, amestecați laptele, jumătate din ceapa primăvară și aduceți la fiert. Adăugați codul la înmuiat și bracuați timp de 10-15 minute, sau până când se fulg ușor. Scoateți codul din tigaie și fulgi-l într-un castron cu o furculiță, îndepărtând oasele și pielea.
d) Adăugați 4 linguri de piure de cartofi cu codul și combinați cu o lingură de lemn.
e) Se lucrează în uleiul de măsline, apoi se adaugă treptat piureul de cartofi rămas. Combinați ceapa primăvară și pătrunjelul rămase într-un bol de amestecare.
f) După gust, asezonați cu suc de lămâie și piper.
g) Într-un castron separat, bate un ou până se omogenizează bine, apoi dă la rece până se solidifică.
h) Rulați amestecul de pește răcit în 12-18 bile, apoi aplatizați ușor în prăjituri rotunde.
i) Fiecare trebuie mai întâi înfăinat, apoi scufundat în oul bătut rămas și terminat cu pesmet uscat.
j) Se da la frigider pana este gata de prajit.
k) Într-o tigaie mare și grea, încălziți aproximativ 3/4 inch ulei. Gătiți prăjiturile timp de aproximativ 4 minute la foc mediu-înalt.
l) Întoarceți-le și gătiți încă 4 minute, sau până când devin crocante și aurii pe cealaltă parte.
m) Scurgeți pe prosoape de hârtie înainte de a servi cu Aioli, felii de lămâie și frunze de salată.

26.Crochete cu creveți

INGREDIENTE:
- 3 1/2 oz unt
- 4 oz făină simplă
- 1 1/4 litri lapte rece
- Sare si piper
- 14 oz de creveți gătiți decojiți, tăiați cubulețe
- 2 lingurite piure de rosii
- 5 sau 6 linguri de pesmet fin
- 2 ouă mari, bătute
- Ulei de măsline pentru prăjire

INSTRUCȚIUNI:
a) Într-o cratiță medie, se topește untul și se adaugă făina, amestecând cutinuu.
b) Stropiți încet laptele răcit, amestecând cutinuu, până obțineți un sos gros, neted.
c) Adăugați creveții, cudimentați generos cu sare și piper, apoi amestecați pasta de roșii. Gatiti inca 7-8 minute.
d) Luați o lingură mică de ingrediente și rulați-o într-o crochete cilindrice de 1 1/2 - 2 inch.
e) Rulați crochetele în pesmet, apoi în oul bătut, iar ultimul în pesmet.
f) Într-o tigaie mare, cu fundul greu, încălziți uleiul pentru prăjire până ajunge la 350 ° F sau un cub de pâine devine maro auriu în 20-30 de secunde.
g) Se prăjește aproximativ 5 minute în loturi de cel mult 3 sau 4 până când se rumenesc.
h) Folosind o lingură cu fantă, scoateți puiul, scurgeți-l pe hârtie de bucătărie și serviți imediat.

27. Crocant cartofi cudimentați

INGREDIENTE:
- 3 linguri de ulei de măsline
- 4 cartofi rușini, curățați și cu pat
- 2 linguri ceapa tocata
- 2 catei de usturoi, tocati
- Sare și piper negru proaspăt măcinat
- 1 1/2 linguri boia spaniola
- 1/4 lingurita Sos Tabasco
- 1/4 linguriță de cimbru măcinat
- 1/2 cană Ketchup
- 1/2 cană maioneză
- Pătrunjel tocat, pentru ornat
- 1 cana ulei de masline, pentru prajit

INSTRUCȚIUNI:
a) Încinge 3 linguri de ulei de măsline într-o cratiță la foc mediu.
b) Se caleste ceapa si usturoiul pana se inmoaie ceapa.
c) Luați tigaia de pe foc și adăugați boia de ardei, sosul Tabasco și cimbru.
d) Într-un bol de amestecare, combinați ketchup-ul și maioneza.
e) După gust, asezonați cu sare și piper. Scoateți din ecuație.
Cartofii:
f) Cudimentează ușor cartofii cu sare și piper negru.
g) Prăjiți cartofii în 1 cană (8 fl. oz.) ulei de măsline într-o tigaie mare până se rumenesc și sunt gătiți, amestecând din când în când.
h) Scurgeți cartofii pe prosoape de hârtie, gustați-i și asezonați cu sare dacă este necesar.
i) Pentru a păstra cartofii crocanți, combinați-i cu sosul chiar înainte de servire.
j) Se serveste cald, ornat cu patrunjel tocat.

28.Crevetă gambas

INGREDIENTE:
- 1/2 cană ulei de măsline
- Suc de 1 lămâie
- 2 lingurite sare de mare
- 24 de creveți mijlocii-mari , în coajă cu capetele intacte

INSTRUCȚIUNI:
a) Într-un castron, amestecați uleiul de măsline, sucul de lămâie și sarea și amestecați până se omogenizează bine. Pentru a acoperi ușor creveții, scufundați-i în amestec pentru câteva secunde.
b) Într-o tigaie uscată, încălziți uleiul la foc mare. Lucrând în loturi, adăugați creveții într-un singur strat fără a înghesui tigaia când este foarte fierbinte. 1 minut de ars
c) Reduceți focul la mediu și gătiți încă un minut. Creșteți focul la mare și prăjiți creveții încă 2 minute sau până devin aurii.
d) Păstrați creveții la cald într-un cuptor mic, pe o farfurie rezistentă la cuptor.
e) Gătiți creveții rămași în același mod.

29.Vinaigretă de midii

INGREDIENTE:
- 2 1/2 duzină de midii, curățate și bărbile îndepărtate Salată verde mărunțită
- 2 linguri ceapa verde tocata
- 2 linguri de ardei verde tocat
- 2 linguri de ardei rosu tocat
- 1 lingura patrunjel tocat
- 4 linguri ulei de masline
- 2 linguri de oțet sau suc de lămâie
- Strop de sos de ardei roșu
- Sarat la gust

INSTRUCȚIUNI:
a) Se deschid midiile la abur.
b) Puneți-le într-o oală mare cu apă. Acoperiți și gătiți la foc mare, amestecând din când în când tigaia, până se deschid cojile. Scoateți midiile de pe foc și aruncați-le pe cele care nu se deschid.
c) Midiile pot fi încălzite și în cuptorul cu microunde pentru a le deschide. Puneți-le la microunde timp de un minut la putere maximă într-un vas sigur pentru cuptorul cu microunde, parțial acoperit.
d) Pune la microunde încă un minut după amestecare. Scoateți toate midiile care s-au deschis și gătiți încă un minut în cuptorul cu microunde. Scoateți-le pe cele care sunt deschise încă o dată.
e) Scoateți și aruncați cojile goale când sunt suficient de reci pentru a fi manipulate.
f) Pe o tavă de servire, pune midii pe un pat de salată verde mărunțită chiar înainte de servire.
g) Combinați ceapa, ardeiul verde și roșu, pătrunjelul, uleiul și oțetul într-un vas de amestecare.
h) Sos de sare si piper rosu dupa gust. Umpleți cojile midii pe jumătate cu amestecul.

30.Ardei umpluți cu orez

INGREDIENTE:
- 1 lb 2 oz orez spaniol cu granule scurte, cum ar fi Bomba sau Calasparra
- 2-3 linguri ulei de masline
- 4 ardei roșii mari
- 1 ardei rosu mic, tocat
- 1/2 ceapa, tocata
- 1/2 rosie, decojita si tocata
- 5 oz carne de porc tocată / tocată sau 3 oz cod sare
- Șofran
- Pătrunjel proaspăt tocat
- Sare

INSTRUCȚIUNI:
a) Răzuiți membranele interioare cu o linguriță după ce tăiați capetele tulpinii ardeilor și le păstrați ca capace pentru a le reintroduce mai târziu.
b) Se incinge uleiul si se caleste usor ardeiul rosu pana devine moale.
c) Prăjiți ceapa până se înmoaie, apoi adăugați carnea și rumeniți-o ușor, adăugând roșia după câteva minute, apoi adăugați ardeiul fiert, orezul crud, șofranul și pătrunjelul. Asezonați cu sare după gust.
d) Umpleți cu grijă ardeii și așezați-i pe lateral pe o tavă rezistentă la cuptor, având grijă să nu vărsați umplutura.
e) Gătiți vasul într-un cuptor încins pentru aproximativ 1 1/2 oră, acoperit.
f) Orezul este gătit în lichidele de roșii și ardei.

31.Calamari cu rozmarin si ulei de ardei iute

INGREDIENTE:
- Ulei de măsline extra virgin
- 1 buchet de rozmarin proaspăt
- 2 ardei iute roșii întregi, fără semințe și tocate mărunt 150 ml smântână
- 3 galbenusuri de ou
- 2 linguri de parmezan ras
- 2 linguri de făină simplă
- Sare și piper negru proaspăt măcinat
- 1 cățel de usturoi, curățat și zdrobit
- 1 lingurita oregano uscat
- Ulei vegetal pentru prăjire
- 6 Calamar, curatat si taiat rondele
- Sare

INSTRUCȚIUNI:
a) Pentru a face dressingul, încălziți uleiul de măsline într-o cratiță mică și amestecați rozmarinul și chiliul. Scoateți din ecuație.
b) Într-un castron mare, amestecați smântâna, gălbenușurile de ou, parmezanul, făina, usturoiul și oregano. Se amestecă până când aluatul este omogen. Se cudimentează cu piper negru, proaspăt măcinat.
c) Preîncălziți uleiul la 200°C pentru prăjire sau până când un cub de pâine se rumenește în 30 de secunde.
d) Înmuiați inelele de calmar, pe rând, în aluat și puneți-le cu grijă în ulei. Gatiti pana se rumenesc, aproximativ 2-3 minute.
e) Se scurge pe hartie de bucatarie si se serveste imediat cu dressingul turnat deasupra. Dacă este necesar, asezonați cu sare.

32. Salata de Paste Caprese

INGREDIENTE:
- 2 cani de paste penne fierte
- 1 cană pesto
- 2 rosii tocate
- 1 cană de brânză mozzarella tăiată cubulețe
- Sare si piper dupa gust
- 1/8 linguriță. oregano
- 2 lingurite otet de vin rosu

INSTRUCȚIUNI:
a) Gatiti pastele cuform pachetului **INSTRUCTIUNI:** , care ar trebui sa dureze in jur de 12 minute. Scurgere.
b) Într-un castron mare, combinați pastele, pesto, roșiile și brânza; asezonați cu sare, piper și oregano.
c) Stropiți deasupra oțet de vin roșu.
d) Se lasa deoparte 1 ora la frigider.

33. Bruscheta balsamica

INGREDIENTE:
- 1 cană de roșii rom fără semințe și tăiate cubulețe
- ¼ cană busuioc tocat
- ½ cană brânză pecorino măruntită
- 1 catel de usturoi tocat
- 1 lingura otet balsamic
- 1 lingura ulei de masline
- Sare și piper după gust - atenție, deoarece brânza este oarecum sărată de la sine.
- 1 felie de pâine franțuzească
- 3 linguri. ulei de masline
- ¼ linguriță. praf de usturoi
- ¼ linguriță. busuioc

INSTRUCȚIUNI:
a) Într-un vas de amestecat, combinați roșiile, busuiocul, brânza pecorino și usturoiul.
b) Într-un castron mic, amestecați oțetul și 1 lingură ulei de măsline; pune deoparte. c) Stropiți feliile de pâine cu ulei de măsline, pudră de usturoi și busuioc.
c) Se pune pe o tava de copt si se prajeste timp de 5 minute la 350 de grade.
d) Scoateți din cuptor. Se adauga apoi amestecul de rosii si branza deasupra.
e) Dacă este necesar, asezonați cu sare și piper.
f) Serviți imediat.

34.Mușcături de scoici și șuncă uscată

INGREDIENTE:
- ½ cană de șuncă uscată feliat subțire
- 3 linguri. cremă de brânză
- 1 lb. scoici
- 3 linguri. ulei de masline
- 3 catei de usturoi tocati
- 3 linguri. branza parmezan
- Sare și piper după gust - atenție, deoarece șuncă uscată-ul va fi sărat

INSTRUCȚIUNI:
a) Aplicați un strat mic de cremă de brânză pe fiecare felie de șuncă uscată.
b) Apoi, înfășurați o felie de șuncă uscată în jurul fiecărei scoici și fixați-o cu o scobitoare.
c) Într-o tigaie se încălzește uleiul de măsline.
d) Gatiti usturoiul timp de 2 minute intr-o tigaie.
e) Adăugați scoicile învelite în folie și gătiți timp de 2 minute pe fiecare parte.
f) Deasupra se intinde parmezan.
g) Adăugați sare și piper după gust, dacă doriți.
h) Stergeți excesul de lichid cu un prosop de hârtie.

35. Vinete cu miere

INGREDIENTE:
- 3 linguri. Miere
- 3 vinete
- 2 cani de lapte
- 1 lingura. sare
- 1 lingura. piper
- 100g faina
- 4 linguri. Ulei de masline

INSTRUCȚIUNI:
a) Taiati vinetele felii subtiri.
b) Într-un vas de amestecat, combinați vinetele. Turnați suficient lapte în lighean pentru a acoperi complet vinetele. Se cudimentează cu un praf de sare.
c) Se lasă cel puțin o oră la macerat.
d) Scoateți vinetele din lapte și lăsați-le deoparte. Folosind făină, acoperiți fiecare felie. Acoperiți într-un amestec de sare și piper.
e) Intr-o tigaie se incinge uleiul de masline. Se prajesc feliile de vinete la 180 de grade C.
f) Puneți vinetele prăjite pe prosoape de hârtie pentru a absorbi excesul de ulei.
g) Stropiți vinetele cu miere.
h) Servi.

36. Cârnați gătiți în cidru

INGREDIENTE:
- 2 căni de cidru de mere
- 8 cârnați chorizo
- 1 lingura. ulei de masline

INSTRUCȚIUNI:
a) Tăiați chorizo-ul în felii subțiri.
b) Într-o tigaie se încălzește uleiul. Preîncălziți cuptorul la mediu.
c) Adăugați chorizo-ul. Se prăjește până când culoarea alimentelor se schimbă.
d) Se toarnă cidrul. Gatiti timp de 10 minute, sau pana cand sosul s-a ingrosat putin.
e) Pâinea trebuie servită cu acest fel de mâncare.
f) Bucurați-vă!!!

37.Kebab spaniol de vita

INGREDIENTE:
- ½ cană Suc de portocale
- ¼ cană Suc de roșii
- 2 lingurite Ulei de masline
- 1½ linguriță Suc de lămâie
- 1 lingurita Sau e gano, uscat
- ½ lingurita Paprika
- ½ lingurita Chimen, măcinat
- ¼ de lingurita Sare
- ¼ de lingurita Piper, negru
- 10 uncii Carne de vită slabă dezosată; tăiat în cuburi de 2".
- 1 mediu Ceapa rosie; tăiate în 8 felii
- 8 fiecare roșii cherry

INSTRUCȚIUNI:
a) Pentru a face marinada, combinați sucul de portocale și roșii, uleiul, suc de lămâie, oregano, boia de ardei, chimen, sare și piper într-o pungă de plastic sigilabilă de dimensiunea unui galon.
b) Adăugați cuburile de carne; sigilați punga, presând aerul; se rotește pentru a acoperi carnea de vită.
c) Dați la frigider pentru cel puțin 2 ore sau peste noapte, aruncând punga din când în când. Folosind spray de gătit antiaderent, acoperiți grătarul.
d) Așezați grătarul la 5 inci distanță de cărbuni. Urmați instrucțiunile producătorului pentru grătar.
e) Scurgeți friptura și puneți deoparte marinada.
f) Folosind 4 frigarui de metal sau de bambus înmuiat, înfileți cantități egale de carne de vită, ceapă și roșii.
g) Prăjiți kebab-urile timp de 15-20 de minute sau până când sunt gata după bunul plac, rotindu-le și ungeți des cu marinada rezervată.

38.Manchego cu cuserva de portocale

INGREDIENTE:
- 1 cap de usturoi
- 1 1/2 cană ulei de măsline, plus mai mult pentru stropire
- Sare cușer
- 1 Sevilla sau portocala buricului
- 1/4 cană zahăr
- 1 kilogram de brânză Manchego tânără, tăiată în bucăți de 3/4 inci
- 1 lingura rozmarin tocat marunt
- 1 lingura de cimbru tocat marunt
- Baghetă prăjită

INSTRUCȚIUNI:

a) Preîncălziți cuptorul la 350 de grade Fahrenheit. un sfert de inch „Scoateți vârful bulbului de usturoi și puneți-l pe o bucată de folie. Asezonați cu sare și stropiți cu ulei.

b) Înfășurați bine în folie și coaceți timp de 35-40 de minute sau până când pielea devine maro aurie și cuișoarele sunt moi. Se lasa sa se raceasca. Stoarceți cuișoarele într-un lighean mare de amestecare.

c) În același timp, tăiați 1/4" Îndepărtați partea de sus și de jos a portocalei și sferturi pe lungime. Îndepărtați pulpa de pe fiecare sfert de coajă într-o singură bucată, excluzând sâmbura albă (cu excepția cojilor).

d) Pune deoparte sucul stors din carne într-un lighean mic.

e) Tăiați coaja în bucăți de un sfert de inch și puneți-le într-o cratiță mică cu suficientă apă rece pentru a acoperi cu un inch. Se aduce la fierbere, apoi se scurge; mai faceți asta de două ori pentru a scăpa de amărăciune.

f) Într-o cratiță, combinați cojile de portocale, zahărul, sucul de portocale rezervat și 1/2 cană de apă.

g) Se aduce la fierbere; reduceți căldura la mic și fierbeți, amestecând în mod regulat, timp de 20-30 de minute sau până când cojile sunt fragede și lichidul este siropos. Lăsați cuservele de portocale să se răcească.

h) Amestecați cuservele de portocale, Manchego, rozmarinul, cimbru și restul de 1 1/2 cană de ulei în bolul cu usturoiul. Se da la frigider pentru cel putin 12 ore dupa acoperire.

i) Înainte de a servi cu pâine prăjită, aduceți Manchego marinat la temperatura camerei.

39.Pintxo de pui

INGREDIENTE:
- 1,8 kilograme de pulpe de pui fără piele și dezosate tăiate în bucăți de 1 inch
- 1 lingură boia de ardei afumată spaniolă
- 1 lingurita oregano uscat
- 2 lingurite chimen macinat
- 3/4 lingurita sare de mare
- 3 catei de usturoi tocati
- 3 linguri patrunjel tocat
- 1/4 cană ulei de măsline extravirgin
- Sos rosu Chimichurri

INSTRUCȚIUNI:
a) Într-un lighean mare, combinați toate ingredientele și amestecați bine pentru a acoperi bucățile de pui. Se lasă la marinat peste noapte la frigider.
b) Înmuiați frigăruile de bambus timp de 30 de minute în apă. Folosind frigarui, frigarui bucatele de pui.
c) Prăjiți timp de 8-10 minute sau până când este bine făcut.

40.Churros cu cinci cudimente

INGREDIENTE:
- Ulei vegetal (pentru prăjire)
- ½ cană + 2 linguri zahăr
- ¾ lingurita de scortisoara macinata
- ¾ linguriță pudră cu cinci cudimente
- 1 baton (8 linguri) unt nesarat (taiat bucati)
- ¼ lingurita sare
- 1 cană de făină universală
- 3 ouă mari

INSTRUCȚIUNI:
a) Umpleți o oală mare și grea cu 2 inci de ulei vegetal și încălziți-o la 350 de grade F folosind un termometru pentru prăjire. Pregătiți o pungă de patiserie cu vârf mare stea și puneți în apropiere o farfurie tapetată cu prosoape de hârtie.

b) Pe o farfurie mare, combinați ½ cană de zahăr, scorțișoară măcinată și pudră de cinci cudimente.

c) Într-o cratiță medie, combinați untul, sarea, restul de 2 linguri de zahăr și 1 cană de apă. Aduceți acest amestec la fierbere la foc mediu. Dupa ce da in clocot adaugam faina si amestecam energic cu o lingura de lemn pana cand amestecul formeaza o bila. Se ia de pe foc si se adauga ouale pe rand, amestecand energic dupa fiecare adaugare. Turnați aluatul rezultat în punga de patiserie pregătită.

d) Lucrând în loturi, introduceți aluatul de aproximativ 5 inci în uleiul fierbinte, tăind capetele libere din pungă folosind un cuțit de tăiat. Asigurați-vă că nu supraaglomerați oala. Prăjiți până când churros sunt maro auriu, ceea ce ar trebui să dureze aproximativ 6 minute.

e) Transferați-le pe farfuria căptușită pentru a se scurge scurt, apoi transferați-le pe farfuria cu amestecul de zahăr cu cinci cudimente și ungeți-le uniform.

f) Serviți-vă imediat churros cu cinci cudimente. Bucurați-vă!

41.Churros de porumb picant

INGREDIENTE:
PENTRU SALSA ȘI QUESO:
- 6 ardei iute cascabel uscat, cu tulpină și semințele îndepărtate
- 4 roșii mari, fără miez
- 2 ardei iute Fresno, cu tulpină
- ¾ ceapă albă, decojită, tăiată felii
- 2 catei de usturoi, curatati de coaja
- 2 linguri suc proaspăt de lămâie
- Sare cușer
- 3 linguri de unt nesarat
- 2 linguri de făină universală
- 1 ½ cană de lapte (sau mai mult)
- ½ kilogram de brânză Monterey Jack, rasă
- ½ kilogram de brânză cheddar, rasă (tânăr mediu sau ascuțit)

PENTRU CHURROS:
- 1 lingură pudră de chili
- 2/3 cană lapte
- 6 linguri de unt nesarat
- ½ linguriță de chimen măcinat
- ½ cană făină universală
- ½ cană făină de porumb
- 3 ouă mari
- Ulei vegetal (pentru prăjit, aproximativ 12 căni)

INSTRUCȚIUNI:

a) Preîncălziți cuptorul la 350°F. Prăjiți ardeii iute cascabel până când este parfumat și ușor rumenit aproximativ 5 minute. Scoateți ardeiul ardei de pe tava de copt și lăsați-i să se răcească.

b) Creșteți temperatura cuptorului la 450°F. Prăjiți roșiile, ardeiul iute Fresno și ceapa pe o tavă de copt cu ramă până când pielea se rumenește și începe să se despartă de pulpă, 30-35 de minute. Transferați-le într-un blender și adăugați usturoi, suc de lămâie și 2 lingurițe de sare; se amestecă până la omogenizare. Adăugați ardei iute cascabel prăjiți și amestecați până se toacă grosier. Lăsați-l să stea la temperatura camerei până când este gata de servire.

c) Într-o cratiță medie, topește untul la foc mediu. Se amestecă făina și se fierbe până se incorporează aproximativ 1 minut. Bateți laptele și cutinuați să gătiți până când amestecul ajunge la fierbere și se îngroașă aproximativ 4 minute. Reduceți focul la mic, adăugați treptat ambele brânzeturi și gătiți, amestecând custant, până când brânza este complet topită și queso-ul este omogen. Daca vi se pare prea gros, mai adaugati putin lapte. Păstrați queso-ul cald până când este gata de servire.

d) Pune o pungă de patiserie cu vârf stea. Bateți praful de chili și 1 lingură de sare într-un castron mic; pune-l deoparte.

e) Într-o cratiță medie la foc mediu-mare, aduceți laptele, untul, chimenul, 1¼ linguriță de sare și ½ cană de apă la fiert.

f) Folosind o lingură de lemn, adăugați făina și mălaiul deodată și amestecați energic până când aluatul se îmbină, aproximativ 30 de secunde.

g) Lăsați-o să stea în tigaie timp de 10 minute pentru a hidrata făina de porumb. Transferați amestecul în bolul unui mixer cu stand sau într-un castron mare.

h) Folosind un mixer cu suport dotat cu accesoriul cu paletă la viteză medie-mică, adăugați ouăle în aluat, pe rând, având grijă să încorporați fiecare ou înainte de a adăuga următorul (alternativ, amestecați energic cu o lingură de lemn). Aluatul va părea rupt la început; cutinuați să bateți, răzuind bolul din când în când, până când aluatul este neted, lucios și oarecum elastic (scoateți o bucată mică de aluat și întindeți-o - nu ar trebui să se rupă). Turnați aluatul în punga de patiserie pregătită.

i) Se toarnă ulei într-o oală mare pentru a ajunge la jumătatea părților laterale. Puneți oala cu un termometru și încălziți-o la foc mediu-mare până când termometrul înregistrează 350°F. Țineți punga într-un unghi, astfel încât vârful să fie la câțiva centimetri deasupra suprafeței uleiului, stoarceți aluatul, mișcând punga pe măsură ce stoarceți, astfel încât aluatul să fie introdus într-o lungime de 6 inchi în ulei. Folosind un cuțit de toaletă, taiati aluatul la varf pentru a-l elibera in ulei.Repetati procesul pentru a mai face 4 lungimi de aluat.

j) Se prăjesc churros, întorcându-le o dată și ajustând focul după cum este necesar pentru a menține temperatura uleiului, până devin maronii pe toate părțile, 2-3 minute pe fiecare parte. Transferați-le pe o foaie de copt tapetată cu un prosop de hârtie. Repetați cu aluatul rămas.

k) Stropiți churros cald cu amestecul rezervat de sare iute. Puneți salsa peste queso cald și amestecați pentru a o combina; serviți cu churros calde. Bucurați-vă!

FORM PRINCIPAL

42.Paella Valenciana

INGREDIENTE:
- 2 căni de orez paella (cum ar fi Bomba sau Calasparra)
- 4 cesti supa de pui sau legume
- 1 lb (450 g) pulpe de pui, tăiate în bucăți
- 1/2 lb (225 g) fasole verde, tăiată
- 1 rosie, rasa fin
- 1 ceapa mare, tocata marunt
- 2 catei de usturoi, tocati
- 1/2 cană inimioare de anghinare din cuserve, tăiate în sferturi (opțional)
- 1 lingurita fire de sofran
- 1 lingurita boia afumata
- Ulei de masline
- Sare si piper dupa gust
- Roți de lămâie, pentru servire

INSTRUCȚIUNI:
a) Încingeți un strop generos de ulei de măsline într-o tigaie pentru paella sau o tigaie mare la foc mediu-mare. Se cudimentează bucățile de pui cu sare și piper și se rumenesc pe toate părțile. Scoateți și lăsați deoparte.
b) În aceeași tigaie, adăugați ceapa, fasolea verde și usturoiul. Gatiti pana se inmoaie legumele. Se amestecă roșia rasă și se fierbe încă 2 minute.
c) Adăugați orezul, șofranul și boiaua afumată, amestecând pentru a acoperi orezul în ulei și amestecați cu legumele. Gatiti 2 minute.
d) Reveniți puiul în tigaie și adăugați bulionul. Asezonati cu sare și piper. Se aduce la fierbere, apoi se reduce focul la mic și se fierbe timp de aproximativ 20 de minute, sau până când orezul este fiert și lichidul este absorbit. Adăugați inimioarele de anghinare în ultimele 5 minute de gătit.
e) Luați de pe foc și lăsați-l să stea, acoperit, timp de 10 minute înainte de servire. Serviți cu felii de lămâie în lateral.

43.Gazpacho Andaluz (Supă rece de roșii)

INGREDIENTE:
- 2 lbs (900 g) rosii coapte, tocate grosier
- 1 castravete, curatat si tocat
- 1 ardei gras verde, tocat
- 1 ceapa, tocata
- 2 catei de usturoi
- 3 linguri otet de sherry
- 1/2 cană ulei de măsline
- Sare si piper dupa gust
- Crutoane si oua fierte tari tocate pentru garnitura

INSTRUCȚIUNI:
a) Combinați roșiile, castraveții, ardeiul gras, ceapa și usturoiul într-un blender sau robot de bucătărie. Se amestecă până la omogenizare.
b) Printr-o strecurătoare, se toarnă amestecul de legume pentru a îndepărta pielea și semințele, dacă se dorește pentru o textură mai fină.
c) Se amestecă oțetul de sherry și se adaugă încet uleiul de măsline, amestecând cutinuu. Asezonați cu sare și piper.
d) Se da la frigider pentru cel putin 2 ore, de preferat peste noapte.
e) Se servesc rece, ornat cu crutoane si oua tari tocate.

44.Orez spaniol

INGREDIENTE:
- 1- 28 uncii cuserve de roșii tăiate sau zdrobite
- 3 căni de orice fel de orez alb cu bob lung, fiert la pachet
- 3 linguri de canola sau ulei vegetal
- 1 ardei gras feliat si curatat
- 2 catei de usturoi proaspat tocati
- 1/2 cană vin roșu sau legume sau bulion
- 2 linguri patrunjel proaspat tocat
- 1/2 lingurita oregano uscat si busuioc uscat
- sare, piper, cayenne dupa gust
- Garnitură: parmezan ras și amestec de brânză Romano
- De asemenea, puteți adăuga orice resturi: friptură cubulețe, cotlete de porc, pui cuburi sau încercați să folosiți chiftelușe zdrobite.
- Legume optionale: dovlecei taiati cubulete, ciuperci feliate, morcovi ras, mazare sau orice alte feluri de legume preferate.

INSTRUCȚIUNI:
a) Adăugați ulei de măsline, ardei și usturoi într-o tigaie mare și gătiți timp de 1 minut.
b) Adăugați roșiile tăiate cubulețe sau zdrobite, vinul și ingredientele rămase în tigaie.
c) Fierbeți timp de 35 de minute sau mai mult dacă adăugați mai multe legume.
d) Dacă folosiți, adăugați orice carne preparată și încălziți-o în sos timp de aproximativ 5 minute înainte de a adăuga orezul alb fiert.
e) De asemenea, dacă este folosită, carnea este deja gătită și trebuie doar încălzită în sos.
f) Pentru a servi, puneți sosul pe un platou cu orezul amestecat și acoperiți cu brânză mărunțită și pătrunjel proaspăt.

45.Salată spaniolă de cartofi

INGREDIENTE:
- 3 cartofi medii (16 oz).
- 1 morcov mare (3 oz), tăiat cubulețe
- 5 linguri de mazăre verde decojită
- 2/3 cană (4 oz) fasole verde
- 1/2 ceapa medie, tocata
- 1 ardei gras rosu mic, tocat
- 4 cornişi de cocktail, feliați
- 2 linguri de capere pentru copii
- 12 măsline umplute cu hamsii
- 1 ou fiert tare, felii subțiri 2/3 cană (5 fl. oz) maioneză
- 1 lingura suc de lamaie
- 1 lingurita mustar de Dijon
- Piper negru proaspăt măcinat, după gust Pătrunjel proaspăt tocat, pentru ornat

INSTRUCȚIUNI:
a) Fierbeți cartofii și morcovii în apă ușor cu sare într-o cratiță. Se aduce la fierbere, apoi se reduce la foc mic și se fierbe până când se înmoaie aproape.
b) Adăugați mazărea și fasolea și fierbeți, amestecând din când în când, până când toate legumele sunt moi. Scurgeți legumele și puneți-le pe o farfurie pentru a servi.
c) Într-un castron mare, combinați ceapa, ardeiul, cornii, capere pentru copii, măsline umplute cu hamsii și bucăți de ouă.
d) Combinați complet maioneza, sucul de lămâie și muștarul într-un castron separat. Turnați acest amestec pe platoul de servire și amestecați bine pentru a acoperi toate ingredientele. Se amestecă cu un praf de sare și piper.
e) Se da la frigider dupa ce se orneaza cu patrunjel tocat.
f) Pentru a spori aroma salatei, lăsați-o să stea la temperatura camerei timp de aproximativ 1 oră înainte de servire.

46. Carbonara spaniolă

INGREDIENTE:
- 1 chorizo mic taiat cubulete
- 1 catel de usturoi tocat fin
- 1 roșie mică tăiată cubulețe
- 1 cuserve garbanzos
- cudimente uscate: sare, fulgi de chile, oregano, semințe de fenicul, anason stelat
- pimenton (boia) pentru ouă
- ulei de măsline extra virgin
- 2 oua
- 4-6 oz. Paste
- brânză de bună calitate

INSTRUCȚIUNI:
a) Într-o cantitate mică de ulei de măsline, căliți usturoiul, roșiile și chorizo timp de câteva minute, apoi adăugați fasolea și cudimentele lichide și uscate. Se aduce la fierbere, apoi se reduce focul la mic până când lichidul scade la jumătate.
b) Între timp, aduceți apa pentru paste la fiert și pregătiți ouăle pentru alunecare în tava cu garbanzos și la cuptorul preîncălzit. Pentru a adăuga acel gust spaniol, le stropesc cu amestecul de cudimente și pimenton pregătit.
c) Acum este momentul ideal pentru a adăuga pastele în oală în timp ce tava este la cuptor și apa fierbe. Ambele ar trebui să fie gata în același moment.

47. Chiftelușe în sos de roșii

INGREDIENTE:
- 2 linguri de ulei de măsline
- 8 oz carne de vită măcinată
- 1 cană (2 oz) pesmet alb proaspăt
- 2 linguri de brânză Manchego sau parmezan rasă
- 1 lingura pasta de rosii
- 3 catei de usturoi, tocati fin
- 2 ceai, tocate fin
- 2 lingurite de cimbru proaspat tocat
- 1/2 lingurita turmeric
- Sare si piper, dupa gust
- 2 căni (16 oz) de roșii prune cuservate, tocate
- 2 linguri vin rosu
- 2 lingurițe frunze de busuioc proaspăt tocate
- 2 lingurite rozmarin proaspat tocat

INSTRUCȚIUNI:
a) Combinați carnea de vită, pesmetul, brânza, pasta de roșii, usturoiul, ceaiul verde, ou, cimbru, turmeric, sare și piper într-un castron.
b) Formați amestecul în 12 până la 15 bile ferme cu mâinile.
c) Într-o tigaie, încălziți uleiul de măsline la foc mediu-mare. Gatiti cateva minute sau pana cand chiftelele se rumenesc pe toate partile.
d) Într-un castron mare, combinați roșiile, vinul, busuiocul și rozmarinul. Gatiti, amestecand ocazional, aproximativ 20 de minute, sau pana cand chiftelele sunt gata.
e) Se sare și se piperează cu generozitate, apoi se servește cu rapini albite, spaghete sau pâine.

48.Supă de fasole albă

INGREDIENTE:
- 1 ceapa tocata
- 2 linguri. ulei de masline
- 2 tulpini de telina tocate
- 3 catei de usturoi tocati
- 4 cani de fasole cannellini la cuserva
- 4 cesti supa de pui
- Sare si piper dupa gust
- 1 lingurita rozmarin proaspat
- 1 cană buchețele de broccoli
- 1 lingura. ulei de trufe
- 3 linguri. parmezan ras

INSTRUCȚIUNI:
a) Într-o tigaie mare se încălzește uleiul.
b) Fierbeți țelina și ceapa aproximativ 5 minute într-o tigaie.
c) Adăugați usturoiul și amestecați pentru a se combina. Gatiti inca 30 de secunde.
d) Adăugați fasolea, 2 căni de supă de pui, rozmarin, sare și piper, precum și broccoli.
e) Aduceți lichidul la fierbere și apoi reduceți la foc mic timp de 20 de minute.
f) Amestecă supa cu blenderul de mână până când ajunge la netezimea dorită.
g) Reduceți focul la mic și stropiți cu ulei de trufe.
h) Puneți supa în vase și stropiți cu parmezan înainte de servire.

49.Fabada Asturiana (Tocanita de fasole asturiana)

INGREDIENTE:
- 1 lb (450 g) fasole uscate (fasole asturiană) sau fasole albă mare, înmuiată peste noapte
- 1/2 lb (225 g) cârnați chorizo, feliați
- 1/2 lb (225 g) morcilla (cârnat de sânge), feliat
- 1/4 lb (115 g) sare de porc sau bacu, tăiată cubulețe
- 1 ceapa, tocata
- 2 catei de usturoi, tocati
- 1 lingurita boia afumata
- 2 foi de dafin
- Ulei de masline
- Sarat la gust

INSTRUCȚIUNI:

a) Scurgeți fasolea înmuiată și puneți-le într-o oală mare. Acoperiți cu apă proaspătă, la aproximativ 2 inci deasupra fasolei.

b) Adăugați în oală chorizo, morcilla, carne de porc sărată, ceapa, usturoi, boia de ardei afumată și foi de dafin.

c) Se aduce la fierbere, apoi se reduce focul la mic. Se fierbe usor timp de 2-3 ore, sau pana cand fasolea este frageda si tocanita s-a ingrosat. Adăugați mai multă apă dacă este necesar în timpul gătirii pentru a menține fasolea acoperită.

d) Asezonați cu sare după gust. Scoateți frunzele de dafin înainte de servire.

e) Se servește fierbinte, însoțită de pâine crustă pentru o masă copioasă.

50. Pui Marsala

INGREDIENTE:
- ¼ cană făină
- Sare si piper dupa gust
- ½ linguriță. cimbru
- 4 piepti de pui dezosati , macinati
- ¼ cană unt
- ¼ cană ulei de măsline
- 2 catei de usturoi tocati
- 1 ½ cană de ciuperci feliate
- 1 ceapa taiata cubulete
- 1 cană de marsala
- ¼ cană jumătate și jumătate sau smântână groasă

INSTRUCȚIUNI:
a) Într-un castron, combinați făina, sarea, piperul și cimbrul.
b) Într-un castron separat, dragați pieptul de pui în amestec.
c) Într-o tigaie mare, topește untul și uleiul.
d) Gatiti usturoiul timp de 3 minute intr-o tigaie.
e) Adăugați puiul și gătiți timp de 4 minute pe fiecare parte.
f) Într-o tigaie, combinați ciupercile, ceapa și marsala.
g) Gatiti puiul timp de 10 minute la foc mic.
h) Transferați puiul pe o farfurie de servire.
i) Amestecați smântâna jumătate sau smântână groasă. Apoi, în timp ce gătiți la maxim 3 minute, amestecați custant.
j) Se unge puiul cu sosul.

51.Fetuccini cu pui Alfredo

INGREDIENTE:

- 1 lb. paste fettuccine
- 6 piept de pui dezosati, fara piele, taiati frumos cubulete ¾ cana unt, impartiti
- 5 catei de usturoi tocati
- 1 lingura cimbru
- 1 lingura oregano
- 1 ceapa taiata cubulete
- 1 cană ciuperci feliate
- ½ cană de făină
- Sare si piper dupa gust
- 3 căni de lapte plin
- 1 cană smântână groasă
- ¼ cană brânză gruyere rasă
- ¾ cană parmezan ras

INSTRUCȚIUNI:

a) Preîncălziți cuptorul la 350°F și gătiți pastele cuform pachetului **INSTRUCȚIUNI:** , aproximativ 10 minute.
b) Într-o tigaie, se topesc 2 linguri de unt și se adaugă cuburile de pui, usturoiul, cimbru și oregano, gătind la foc mic timp de 5 minute, sau până când puiul nu mai este roz. Elimina .
c) În aceeași tigaie, topești restul de 4 linguri de unt și căliți ceapa și ciupercile.
d) Se amestecă făina, sarea și piperul timp de 3 minute.
e) Adăugați smântâna groasă și laptele. Se amestecă încă 2 minute.
f) Se amestecă brânza timp de 3 minute la foc mic.
g) Pune puiul înapoi în tigaie și asezonează după gust.
h) Gatiti 3 minute la foc mic.
i) Turnați sosul peste paste.

52. Diavolo cu fructe de mare

INGREDIENTE:
- 1 lb. creveți mari decojiți și devenați
- ½ lb. scoici prăjite
- 3 linguri. ulei de masline
- ½ linguriță. fulgi de ardei rosu
- Sarat la gust
- 1 ceapă mică feliată
- ½ linguriță. cimbru
- ½ linguriță. oregano
- 2 fileuri de hamsii zdrobite
- 2 linguri. pasta de tomate
- 4 catei de usturoi tocati
- 1 cană de vin alb
- 1 lingura suc de lămâie
- 2 ½ căni de rosii tăiate cubulețe
- 5 linguri. pătrunjel

INSTRUCȚIUNI:
a) Într-un vas de amestec, combinați creveții, scoicile, uleiul de măsline, fulgii de ardei roșu și sarea.
b) Preîncălziți tigaia la 350°F. Timp de 3 minute, prăjiți fructele de mare în straturi simple. Acesta este ceva ce se poate face în grămadă.
c) Puneți creveții și scoici pe o farfurie de servire.
d) Reincalzeste tigaia.
e) Timp de 2 minute, căliți ceapa, ierburile, fileurile de hamsii și pasta de roșii.
f) Combinați vinul, sucul de lămâie și roșiile tăiate cubulețe într-un castron.
g) Aduceți lichidul la fierbere.
h) Setați temperatura la un nivel scăzut. Gatiti 15 minute dupa aceea.
i) Puneți fructele de mare în tigaie, împreună cu pătrunjelul.
j) Gatiti 5 minute la foc mic.

53.Linguine și scampi de creveți

INGREDIENTE:
- 1 pachet paste linguine
- ¼ cană unt
- 1 ardei gras rosu tocat
- 5 catei de usturoi tocati
- 45 de creveți mari cruzi decojiți și devenați ½ cană de vin alb uscat ¼ cană bulion de pui
- 2 linguri. suc de lămâie
- ¼ cană de unt
- 1 lingura fulgi de ardei rosu macinati
- ½ linguriță. şofran
- ¼ cană pătrunjel tocat
- Sarat la gust

INSTRUCȚIUNI:
a) Gatiti pastele cuform pachetului **INSTRUCTIUNI:** , care ar trebui sa dureze in jur de 10 minute.
b) Scurgeți apa și lăsați-o deoparte.
c) Într-o tigaie mare, topește untul.
d) Fierbeți ardeii gras și usturoiul într-o tigaie timp de 5 minute.
e) Adaugati crevetii si cutinuati sa caliti inca 5 minute.
f) Scoateți creveții într-un platou, dar păstrați usturoiul și ardeiul în tigaie.
g) Aduceți la fiert vinul alb, bulionul și sucul de lămâie.
h) Întoarceți creveții în tigaie cu încă 14 cani de mai bun.
i) Adăugați fulgii de ardei roșu, șofranul și pătrunjelul și asezonați după gust cu sare.
j) Se fierbe timp de 5 minute după ce le-am amestecat cu pastele.

54.Creveți cu sos de cremă pesto

INGREDIENTE:
- 1 pachet paste linguine
- 1 lingura. ulei de masline
- 1 ceapa tocata
- 1 cană ciuperci feliate
- 6 catei de usturoi tocati
- ½ cană de unt
- Sare si piper dupa gust
- ½ linguriță. piper roșu
- 1 3/4 cani de Pecorino Romano ras
- 3 linguri. făină
- ½ cană smântână groasă
- 1 cană pesto
- 1 lb. creveți fierți, curățați și devenați

INSTRUCȚIUNI:
a) Gatiti pastele cuform pachetului **INSTRUCTIUNI:** , care ar trebui sa dureze in jur de 10 minute. Scurgere.
b) Într-o tigaie, încălziți uleiul și fierbeți ceapa și ciupercile timp de 5 minute.
c) Gatiti 1 minut dupa ce amestecati usturoiul si untul.
d) Într-o tigaie, turnați smântâna groasă și asezonați cu sare, piper și piper cayenne.
e) Se fierbe încă 5 minute.
f) Adăugați brânza și amestecați pentru a se combina. Cutinuați să amestecați până când brânza se topește.
g) Apoi, pentru a îngroșa sosul, amestecați făina.
h) Gatiti 5 minute cu pesto si creveti.
i) Ungeți pastele cu sosul.

55.Supă de pește și chorizo

INGREDIENTE:
- 2 capete de pește (folosit pentru a găti supa de pește)
- 500 g file de pește, tăiate în bucăți
- 1 ceapă
- 1 catel de usturoi
- 1 cană de vin alb
- 2 linguri. ulei de masline
- 1 mână de pătrunjel (tocat)
- 2 cesti bulion de peste
- 1 mână oregano (tocat)
- 1 lingura. sare
- 1 lingura. piper
- 1 telina
- 2 cuserve de rosii (rosii)
- 2 ardei iute roșii
- 2 cârnați chorizo
- 1 lingura. paprika
- 2 foi de dafin

INSTRUCȚIUNI:

a) Curățați capul peștelui. Branhiile trebuie îndepărtate. Asezonați cu sare. Gatiti 20 de minute la temperatura scazuta. Scoateți din ecuație.

b) Într-o tigaie se toarnă uleiul de măsline. Combinați ceapa, foile de dafin, usturoiul, chorizo și boia într-un castron mare. 7 minute la cuptor

c) Într-un castron mare, combinați ardeiul iute roșu, roșiile, țelina, piperul, sarea, oregano, supa de pește și vinul alb.

d) Gatiti in total 10 minute.

e) Arunca pestele. 4 minute la cuptor

f) Folosiți orezul ca garnitură.

g) Adauga patrunjel ca garnitura.

h) Disfrutar!!!

56. Ratatouille spaniolă

INGREDIENTE:
- 1 ardei gras rosu (tacat cubulete)
- 1 ceapa de marime medie (tacata sau tocata)
- 1 catel de usturoi
- 1 dovlecel (tocat)
- 1 ardei gras verde (tacat cubulete)
- 1 lingura. sare
- 1 lingura. piper
- 1 cutie de rosii (tocate)
- 3 linguri. ulei de masline
- 1 strop de vin alb
- 1 mână de pătrunjel proaspăt

INSTRUCȚIUNI:
a) Într-o tigaie se toarnă uleiul de măsline.
b) Se amestecă ceapa. Se lasă 4 minute de prăjire la foc mediu.
c) Adăugați usturoiul și ardeiul. Lăsați încă 2 minute de prăjire.
d) Adăugați dovlecelul, roșiile, vinul alb și asezonați după gust cu sare și piper.
e) Gatiti 30 de minute sau pana cand este gata.
f) Se ornează cu pătrunjel, dacă se dorește.
g) Serviți cu orez sau pâine prăjită ca garnitură.
h) Bucurați-vă!!!

57. Tocană de fasole și chorizo

INGREDIENTE:
- 1 morcov (tacat cubulete)
- 3 linguri. ulei de masline
- 1 ceapă de mărime medie
- 1 ardei gras rosu
- 400 g fasole fabes uscata
- 300 de grame de cârnați Chorizo
- 1 ardei gras verde
- 1 cana patrunjel (tocat)
- 300 g roșii (cuburi)
- 2 cani de supa de pui
- 300 grame pulpe de pui (fileuri)
- 6 catei de usturoi
- 1 cartof de marime medie (tacat cubulete)
- 2 linguri. cimbru
- 2 linguri. Sarat la gust
- 1 lingura. piper

INSTRUCȚIUNI:

a) Într-o tigaie se toarnă ulei vegetal. Se amestecă ceapa. Lăsați 2 minute de prăjire la foc mediu.

b) Într-un castron mare, combinați usturoiul, morcovul, ardeiul gras, chorizo și pulpele de pui. Lăsați 10 minute pentru gătit.

c) Adăugați cimbru, supa de pui, fasole, cartofi, roșii, pătrunjel și asezonați după gust cu sare și piper.

d) Gatiti 30 de minute sau pana cand fasolea este frageda si tocanita s-a ingrosat.

58. Gazpacho

INGREDIENTE:
- 2 kg de roșii coapte, tocate
- 1 ardei gras rosu (tacat cubulete)
- 2 catei de usturoi (macinati)
- 1 lingura. sare
- 1 lingura. piper
- 1 lingura. chimen (macinat)
- 1 cana ceapa rosie (tocata)
- 1 ardei Jalapeno de marime mare
- 1 cană ulei de măsline
- 1 lime 1 castravete de marime medie
- 2 linguri. oțet
- 1 cana rosii (suc)
- 1 lingura. sos Worcestershire
- 2 linguri. busuioc proaspat (tacat felii)
- 2 felii de paine

INSTRUCȚIUNI:
a) Într-un castron, combinați castravetele, roșiile, ardeii, ceapa, usturoiul, jalapeño, sarea și chimenul. Amesteca totul complet.
b) Într-un blender, combinați uleiul de măsline, oțetul, sosul Worcestershire, sucul de lămâie, sucul de roșii și pâinea. Amestecați până când amestecul este complet omogen.
c) Încorporați amestecul amestecat în amestecul original folosind o sită.
d) Asigurați-vă că combinați complet totul.
e) Pune jumătate din amestec în blender și pasează-l în piure. Amestecați până când amestecul este complet omogen.
f) Reveniți amestecul amestecat în restul amestecului. Amesteca totul complet.
g) Dă vasul la frigider timp de 2 ore după ce l-ai acoperit.
h) După 2 ore, scoateți vasul. Se cudimentează amestecul cu sare și piper. Presărați busuioc deasupra vasului.
i) Servi.
j) Disfrutar!!!

59.Calamar și orez

INGREDIENTE:
- 6 oz. fructe de mare (la alegere)
- 3 catei de usturoi
- 1 ceapă de mărime medie (tăiată felii)
- 3 linguri. ulei de masline
- 1 ardei verde (tacat felii)
- 1 lingura. cerneală de calmar
- 1 legatura patrunjel
- 2 linguri. paprika
- 550 de grame de calmar (curățat)
- 1 lingura. sare
- 2 telina (taiata cubulete)
- 1 frunză de dafin proaspătă
- 2 roșii de mărime medie (răzuite)
- 300 g orez calasparra
- 125 ml vin alb
- 2 cesti bulion de peste
- 1 lămâie

INSTRUCȚIUNI:
a) Într-o tigaie se toarnă ulei de măsline. Combinați ceapa, frunza de dafin, ardeiul și usturoiul într-un castron. Se lasa cateva minute de prajit.
b) Adăugați calmarul și fructele de mare. Gatiti cateva minute, apoi scoateti calmarul/fructele de mare.
c) Într-un castron mare, combinați boia, roșiile, sarea, țelina, vinul și pătrunjelul. Lăsați 5 minute pentru ca legumele să se termine de gătit.
d) Aruncă orezul clătit în tigaie. Combinați bulionul de pește și cerneala de calmar într-un bol de amestecare.
e) Gatiti in total 10 minute. Combinați fructele de mare și calmarii într-un castron mare.
f) Gatiti inca 5 minute.
g) Serviți cu aioli sau lămâie.

60.Tocană de iepure în Tomat o

INGREDIENTE:
- 1 iepure plin , tăiat în bucăți
- 1 frunză de dafin
- 2 cepe mari
- 3 catei de usturoi
- 2 linguri. ulei de masline
- 1 lingura. boia dulce
- 2 crengute rozmarin proaspat
- 1 cutie de rosii
- 1 crenguță de cimbru
- 1 cană de vin alb
- 1 lingura. sare
- 1 lingura. piper

INSTRUCȚIUNI:
a) Intr-o tigaie se incinge uleiul de masline la foc mediu-mare.
b) Preîncălziți uleiul și adăugați bucățile de iepure. Se prăjește până când bucățile sunt maronii uniform.
c) Scoateți-l după ce este terminat.
d) Adăugați ceapa și usturoiul în aceeași tigaie. Gatiti pana devine complet moale.
e) Într-un castron mare, combinați cimbrul, boia de ardei, rozmarinul, sarea, piperul, roșiile și foaia de dafin. Lăsați 5 minute pentru gătit.
f) Se amestecă bucățile de iepure cu vinul. Se fierbe, acoperit, timp de 2 ore, sau până când bucățile de iepure sunt fierte și sosul s-a îngroșat.
g) Serviți cu cartofi prăjiți sau pâine prăjită.

61.Creveți cu Fenicul

INGREDIENTE:
- 1 lingura. sare
- 1 lingura. piper
- 2 catei de usturoi (tacati felii)
- 2 linguri. ulei de masline
- 4 linguri. sherry manzanilla
- 1 bulb de fenicul
- 1 mână de tulpini de pătrunjel
- 600 g rosii cherry
- 15 creveți de dimensiuni mari , decojite
- 1 cană de vin alb

INSTRUCȚIUNI:
a) Într-o cratiță mare, încălziți uleiul. Puneți cățeii de usturoi tăiați într-un castron. Se lasa sa se prajeasca pana usturoiul devine maro auriu.
b) Adăugați în amestec feniculul și pătrunjelul. Gatiti 10 minute la foc mic.
c) Într-un castron mare, combinați roșiile, sarea, piperul, sherry și vinul. Aduceți la fiert timp de 7 minute, sau până când sosul este gros.
d) Puneți deasupra creveții decojiți. Gatiti 5 minute sau pana cand crevetii au devenit roz.
e) Se ornează cu o stropire de frunze de pătrunjel.
f) Serviți cu o parte de pâine.

DESERT

62. Flan de Leche (flan spaniol)

INGREDIENTE:
- 1 cana zahar (pentru caramel)
- 6 ouă mari
- 1 cutie de 14 uncii lapte cudensat îndulcit
- 1 cutie de lapte evaporat de 12 uncii
- 1 lingura extract de vanilie

INSTRUCȚIUNI:
a) Preîncălziți cuptorul la 350°F (175°C). Începeți prin a face caramel. Într-o cratiță medie la foc mediu-mic, topește zahărul până devine auriu. Turnați cu grijă caramelul fierbinte într-o tavă rotundă de copt, rotind pentru a acoperi fundul.
b) Într-un blender, combinați ouăle, laptele cudensat, laptele evaporat și extractul de vanilie. Se amestecă până la omogenizare.
c) Turnați amestecul de ouă peste caramelul din vasul de copt. Puneți acest vas într-o tavă mai mare și adăugați apă fierbinte în tava exterioară (aproximativ la jumătatea părților laterale ale vasului de flan).
d) Coaceți în cuptorul preîncălzit pentru aproximativ 60 de minute, sau până când se fixează. Se lasa sa se raceasca, apoi se da la frigider pentru cel putin 4 ore.
e) Pentru a servi, treceți cu un cuțit pe marginile flanului și răsturnați pe o farfurie. Sosul de caramel va curge peste flan.

63. Tarta de Santiago (tort cu migdale)

INGREDIENTE:
- 2 cani de migdale macinate
- 1 cană zahăr
- 4 ouă
- Zest de 1 lămâie
- 1 lingurita scortisoara macinata
- Zahăr pudră pentru pudrat
- Opțional: 1/2 linguriță extract de migdale

INSTRUCȚIUNI:
a) Preîncălziți cuptorul la 350 ° F (175 ° C) și ungeți o tavă rotundă pentru tort de 8 sau 9 inci, tapetându-l cu hârtie de pergament.
b) Într-un castron mare, amestecați migdalele măcinate, zahărul, coaja de lămâie și scorțișoara.
c) Bateți ouăle într-un castron separat până devin spumoase. Pliați ouăle în amestecul de migdale până se combină bine. Adăugați extract de migdale dacă utilizați.
d) Turnați aluatul în tava pregătită și coaceți aproximativ 25-30 de minute, sau până când o scobitoare introdusă în centru iese curată.
e) Lasam prajitura sa se raceasca in tava inainte de a o transfera pe un gratar. Odată răcit, pudrați cu zahăr pudră. În mod tradițional, o cruce a Sf. Iacob (Cruz de Santiago) este șablonată în centru.

64. Brânzos Galette cu Salam

INGREDIENTE:
- 130 g unt
- 300 g faina
- 1 lingurita sare
- 1 ou
- 80 ml lapte
- 1/2 lingurita otet
- Umplere:
- 1 rosie
- 1 ardei dulce
- zucchini
- salam
- mozzarella
- 1 lingura.ulei de masline
- ierburi (cum ar fi cimbru, busuioc, spanac)

INSTRUCȚIUNI:
a) Taie untul cubulete.
b) Într-un castron sau tigaie, combinați uleiul, făina și sarea și tăiați cu un cuțit.
c) Aruncați un ou, puțin oțet și puțin lapte.
d) Începeți să frământați aluatul. Dă-l la frigider pentru o jumătate de oră după ce ai făcut o bilă și l-ai învelit în folie de plastic.
e) Tăiați toate ingredientele de umplutură .
f) Puneți umplutura în centrul unui cerc mare de aluat care a fost întins pe pergament de copt (cu excepția Mozzarella).
g) Stropiți cu ulei de măsline și asezonați cu sare și piper.
h) Apoi ridicați cu grijă marginile aluatului, înfășurați-le în jurul secțiunilor care se suprapun și apăsați-le ușor.
i) Preîncălziți cuptorul la 200°C și coaceți timp de 35 de minute. Adăugați mozzarella cu zece minute înainte de sfârșitul timpului de coacere și cutinuați coacerea.
j) Serviți imediat!

65.Plăcintă cremoasă de ricotta

INGREDIENTE:
- 1 crustă de plăcintă cumpărată din magazin
- 1 ½ lb. brânză ricotta
- ½ cană brânză mascarpone
- 4 oua batute
- ½ cană zahăr alb
- 1 lingura. cuiac

INSTRUCȚIUNI:
a) Preîncălziți cuptorul la 350 de grade Fahrenheit.
b) Combinați toate ingredientele de umplutură într-un bol de amestecare. Apoi turnați amestecul în crustă.
c) Preîncălziți cuptorul la 350°F și coaceți timp de 45 de minute.
d) Dă plăcinta la frigider pentru cel puțin 1 oră înainte de servire.

66.Biscuiți cu anason

INGREDIENTE:
- 1 cană zahăr
- 1 cană de unt
- 3 căni de făină
- ½ cană lapte
- 2 oua batute
- 1 lingura. praf de copt
- 1 lingura. extract de migdale
- 2 lingurite lichior de anason
- 1 cană zahăr cofetar

INSTRUCȚIUNI:
a) Preîncălziți cuptorul la 375 de grade Fahrenheit.
b) Se amestecă zahărul și untul până devine ușor și pufos.
c) Încorporați treptat făina, laptele, ouăle, praful de copt și extractul de migdale.
d) Framantam aluatul pana devine lipicios.
e) Creați bile mici din bucăți de aluat de 1 inch lungime.
f) Preîncălziți cuptorul la 350 ° F și ungeți o tavă de copt. Pune bilele pe tava de copt.
g) Preîncălziți cuptorul la 350°F și coaceți prăjiturile timp de 8 minute.
h) Combinați lichiorul de anason, zahărul de cofetă și 2 linguri de apă fierbinte într-un castron.
i) La sfârșit, înmuiați fursecurile în glazură cât sunt încă calde.
j)

67. Flan de Caramel

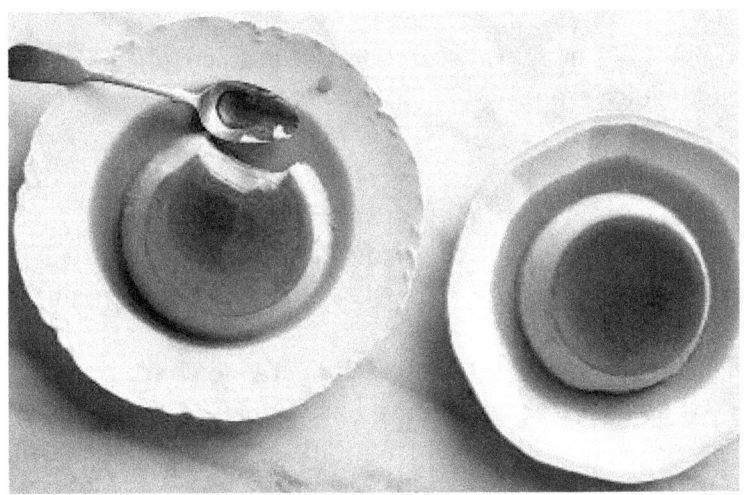

INGREDIENTE:
- 1 lingura. extract de vanilie
- 4 ouă
- 2 cutii de lapte (1 evaporat si 1 cudensat indulcit)
- 2 căni de biciuire cremă
- 8 linguri. zahăr

INSTRUCȚIUNI:
a) Preîncălziți cuptorul la 350 de grade Fahrenheit.
b) Într-o tigaie antiaderentă, topește zahărul la foc mediu până devine auriu.
c) Turnați zahărul lichefiat într-o tavă cât este încă fierbinte.
d) Într-un vas de amestec, spargeți și bateți ouăle. Combinați laptele cudensat, extractul de vanilie, smântâna și laptele îndulcit într-un castron. Faceți un amestec amănunțit.
e) Turnați aluatul în tava de copt acoperită cu zahăr topit. Puneți tigaia într-o tigaie mai mare cu 1 inch de apă clocotită.
f) Coaceți timp de 60 de minute.

68. Crema Catalana

INGREDIENTE:
- 4 gălbenușuri de ou
- 1 scorțișoară (băț)
- 1 lamaie (coaja)
- 2 linguri. amidon de porumb
- 1 cană zahăr
- 2 cani de lapte
- 3 căni de fructe proaspete (fructe de pădure sau smochine)

INSTRUCȚIUNI:
a) Într-o tigaie, amestecați gălbenușurile de ou și o porție mare de zahăr. Amestecați până când amestecul devine spumos și neted.
b) Adauga batonul de scortisoara cu coaja de lamaie. Faceți un amestec amănunțit.
c) Amestecați amidonul de porumb și laptele. La foc mic, amestecați până când amestecul se îngroașă.
d) Scoateți oala din cuptor. Se lasa sa se raceasca cateva minute.
e) Puneți amestecul în rame și puneți deoparte.
f) Se lasa deoparte cel putin 3 ore la frigider.
g) Când este gata de servire, turnați zahărul rămas peste ramekine.
h) Puneți ramekinele pe raftul de jos al cazanului. Lasă zahărul să se topească până capătă o culoare maro auriu.
i) Ca garnitură, se servește cu fructe.

69.Cremă spaniolă de portocale-lămâie

INGREDIENTE:
- 4½ linguriță Gelatina simplă
- ½ cană Suc de portocale
- ¼ cană Suc de lămâie
- 2 căni Lapte
- 3 Ouă, separate
- ⅔ cană Zahăr
- Vârf de cuțit de sare
- 1 lingura Coaja de portocală rasă

INSTRUCȚIUNI:
a) Se amestecă gelatina, sucul de portocale și sucul de lămâie și se lasă deoparte timp de 5 minute.
b) Se opărește laptele și se amestecă gălbenușurile, zahărul, sarea și coaja de portocală.
c) Gătiți într-un cazan dublu până când se acoperă cu dosul unei linguri (peste apă fierbinte, nu clocotită).
d) După aceea, adăugați amestecul de gelatină. Misto.
e) Adăugați în amestec albușurile bătute tare.
f) Dă la frigider până se stabilește.

70. D pepene galben

INGREDIENTE:
- Pentru preparat O selecție de 3 până la 6 brânzeturi spaniole diferite
- 1 Vin de porto îmbuteliat
- 1 Pepene galben , blat îndepărtat și fără semințe

INSTRUCȚIUNI:
a) Cu una până la trei zile înainte de cină, turnați portul în pepene galben.
b) Se da la frigider, acoperit cu folie de plastic si cu blatul inlocuit.
c) Scoateți pepenele galben din frigider și scoateți folia și blatul când sunt gata de servire.
d) Scoateți portul din pepene și puneți-l într-un castron.
e) Tăiați pepenele galben în bucăți după ce ați îndepărtat coaja. Puneți bucățile în patru feluri de mâncare răcite separate.
f) Serviți pe o garnitură cu brânzeturi.

71. Un sorbet de migdale

INGREDIENTE:
- 1 cană Migdale albite; prăjită
- 2 căni Apa de izvor
- ¾ cană Zahăr
- 1 praf Scorţişoară
- 6 linguri Sirop uşor de porumb
- 2 linguri Amaretto
- 1 lingurita Coaja de lamaie

INSTRUCŢIUNI:
a) Într-un robot de bucătărie, măcinaţi migdalele până la o pudră. Într-o cratiţă mare, combinaţi apa, zahărul, siropul de porumb, lichiorul, coaja şi scorţişoara, apoi adăugaţi nucile măcinate.
b) La foc mediu, amestecaţi custant până când zahărul se dizolvă şi amestecul fierbe. 2 minute la fierbere
c) Lăsaţi deoparte să se răcească Folosind un aparat de îngheţată, amestecaţi până când este semi-îngheţat.
d) Dacă nu aveţi un aparat de îngheţată, transferaţi amestecul într-un bol de oţel inoxidabil şi cugelaţi până se întăreşte, amestecând la fiecare 2 ore.

72.tort spaniol cu mere

INGREDIENTE:
- ¼ de kilograme Unt
- ½ cană Zahăr
- 1 Gălbenuș de ou
- 1½ cană Făină cernută
- 1 liniuță Sare
- ⅛ linguriță Praf de copt
- 1 cană Lapte
- ½ Coaja de lamaie
- 3 Galbenusuri de ou
- ¼ cană Zahăr
- ¼ cană Făină
- 1½ lingură Unt
- ¼ cană Zahăr
- 1 lingura Suc de lămâie
- ½ lingurita Scorţişoară
- 4 Mere, decojite și feliate
- Măr; caise sau orice jeleu la alegere

INSTRUCȚIUNI:

a) Preîncălziți cuptorul la 350°F. Combinați zahărul și untul într-un castron. Amestecați ingredientele rămase până se formează o minge.

b) Întindeți aluatul într-o tavă cu arc sau într-o formă de plăcintă. A se păstra la frigider până când este gata de utilizare.

c) Combinați sucul de lămâie, scorțișoara și zahărul într-un castron. Se amestecă cu merele și se amestecă. Acesta este ceva ce se poate face din timp.

d) Adăugați coaja de lămâie în lapte. Aduceți laptele la fiert, apoi reduceți la foc mic timp de 10 minute. Între timp, într-o tigaie groasă, amestecați gălbenușurile de ou și zahărul.

e) Când laptele este gata, turnați-l încet în amestecul de gălbenușuri în timp ce amestecați custant la foc mic. Se amestecă încet făina în timp ce se amestecă la foc mic.

f) Cutinuați să amestecați amestecul până când este omogen și gros. Scoateți tigaia de pe foc. Se amestecă încet untul până se topește.

g) Umpleți crusta cu crema. Pentru a face un singur strat sau dublu, puneți merele deasupra. Puneți tortul într-un cuptor la 350°F timp de aproximativ 1 oră după ce este terminat.

h) Scoateți și lăsați deoparte să se răcească. Când merele sunt suficient de reci pentru a fi manipulate, încălziți jeleul la alegere și stropiți-l deasupra.

i) Pune jeleul deoparte să se răcească. Servi.

73. Crema caramel

INGREDIENTE:
- ½ cană Zahar granulat
- 1 lingurita Apă
- 4 Galbenusuri de ou sau 3 oua intregi
- 2 căni Lapte, opărit
- ½ lingurita Extract de vanilie

INSTRUCȚIUNI:
a) Într-o tigaie mare, combinați 6 linguri de zahăr și 1 cană de apă. Se încălzește la foc mic, scuturând sau răsturnând din când în când cu o lingură de lemn pentru a evita arderea, până când zahărul devine auriu.
b) Turnați siropul de caramel într-un vas de copt puțin adânc (8x8 inci) sau într-o farfurie de plăcintă cât mai curând posibil. Se lasa sa se raceasca pana se intareste.
c) Preîncălziți cuptorul la 325 de grade Fahrenheit.
d) Fie bate galbenusurile, fie ouale intregi impreuna. Se amestecă laptele, extractul de vanilie și zahărul rămas până când se combină complet.
e) Se toarnă deasupra caramelul răcit.
f) Puneți vasul de copt într-o baie de apă fierbinte. Coaceți timp de 1-112 ore, sau pana când centrul este setat. Cool, cool, cool.
g) Pentru a servi, răsturnați cu grijă pe un platou de servire.

74. Prajitura cu branza spaniol

INGREDIENTE:
- 1 lire sterline Cremă de brânză
- 1½ cană Zahăr; Granulat
- 2 oua
- ½ lingurita Scorţişoară; Sol
- 1 lingurita coaja de lamaie; Ras
- ¼ cană Făină nealbită
- ½ lingurita Sare
- 1 x Zahărul de cofetarie
- 3 linguri Unt

INSTRUCŢIUNI:
a) Preîncălziţi cuptorul la 400 de grade Fahrenheit. Cremam branza, 1 lingura de unt si zaharul intr-un lighean mare. Nu bateţi.
b) Adaugati ouale pe rand, batand bine dupa fiecare adaugare.
c) Combinaţi scorţişoara, coaja de lămâie, făina şi sarea. Ungeţi tigaia cu restul de 2 linguri de unt, întindeţi-o uniform cu degetele.
d) Turnaţi aluatul în tava pregătită şi coaceţi la 400 de grade timp de 12 minute, apoi scadeţi la 350 de grade şi coaceţi încă 25 până la 30 de minute. Cuţitul trebuie să fie fără reziduuri.
e) Cand prajitura s-a racit la temperatura camerei, pudra-l cu zahar de cofetarie.

75.Crema spaniolă prăjită

INGREDIENTE:
- 1 Bat de scortisoara
- Coaja de 1 lămâie
- 3 căni Lapte
- 1 cană Zahăr
- 2 linguri Amidon de porumb
- 2 lingurite Scorţişoară
- Făină; pentru dragare
- Spălarea ouălor
- Ulei de masline; pentru prăjit

INSTRUCŢIUNI:
a) Combinaţi batonul de scorţişoară, coaja de lămâie, 34 de căni de zahăr şi 212 de căni de lapte într-o oală la foc mediu.
b) Se aduce la fierbere scăzut, apoi se reduce la foc mic şi se fierbe timp de 30 de minute. Scoateţi coaja de lămâie şi batonul de scorţişoară. Combinaţi laptele rămas şi amidonul de porumb într-un lighean mic de amestecare.
c) Bateţi bine. Într-un flux lent şi custant, amestecaţi amestecul de amidon de porumb în laptele încălzit. Se aduce la fierbere, apoi se reduce la foc mic şi se fierbe timp de 8 minute, amestecând des. Se ia de pe foc şi se toarnă într-o tavă de copt de 8 inci care a fost unsă cu unt.
d) Se lasa sa se raceasca complet. Acoperiţi şi răciţi până se răcesc complet. Faceţi triunghiuri de 2 inci din cremă.
e) Combinaţi cele 14 cani de zahăr rămase şi scorţişoara într-un castron. Se amestecă bine. Trageţi triunghiurile în făină până când sunt acoperite complet.
f) Înmuiaţi fiecare triunghi în spălarea cu ouă şi picuraţi orice exces. Întoarceţi cremele în făină şi acoperiţi complet.
g) Încinge uleiul într-o tigaie mare la foc mediu. Se pun triunghiurile in uleiul incins si se prajesc 3 minute, sau pana se rumenesc pe ambele parti.
h) Scoateţi puiul din tigaie şi scurgeţi-l pe prosoape de hârtie. Se amestecă cu amestecul de zahăr de scorţişoară şi se cudimentează cu sare şi piper.
i) Cutinuaţi cu restul triunghiurilor în acelaşi mod.

76. cu nuci

INGREDIENTE:

- 1 cană Lapte
- 3 căni Zahăr brun deschis
- 1 lingura.unt
- 1 lingurita Extract de vanilie
- 1 lire sterline carne de nucă; tocat

INSTRUCȚIUNI:

a) Se fierbe laptele cu zaharul brun pana cand se caramelizeaza, apoi se adauga untul si esenta de vanilie chiar inainte de servire.
b) Chiar înainte de a scoate bomboana de pe foc, adaugă nucile.
c) Într-un castron mare, combinați bine nucile și turnați amestecul în formele de brioșe pregătite.
d) Tăiați imediat pătrate cu un cuțit ascuțit.

77. Budincă cu miere

INGREDIENTE:

- ¼ cană Unt nesarat
- 1½ cană Lapte
- 2 mari Ouă; uşor bătută
- 6 felii Pâine albă de ţară; rupt
- ½ cană Clar; miere subţire, plus
- 1 lingura Clar; miere subţire
- ½ cană Apa fierbinte; la care se adauga
- 1 lingura Apa fierbinte
- ¼ de lingurita Scorţişoară măcinată
- ¼ de lingurita Vanilie

INSTRUCŢIUNI:

a) Preîncălziţi cuptorul la 350 de grade şi folosiţi puţin unt pentru a unge un vas de plăcintă de sticlă de 9 inci. Amestecaţi laptele şi ouăle, apoi adăugaţi bucăţile de pâine şi întoarceţi-le pentru a le acoperi uniform.

b) Lăsaţi pâinea la macerat timp de 15 până la 20 de minute, răsturnând-o o dată sau de două ori. Într-o tigaie mare antiaderentă, încălziţi untul rămas la foc mediu.

c) Prăjiţi pâinea înmuiată în unt până devine aurie, aproximativ 2 până la 3 minute pe fiecare parte. Transferaţi pâinea în tava de copt.

d) Într-un castron, combinaţi mierea şi apa fierbinte şi amestecaţi până când amestecul se omogenizează.

e) Se amestecă scorţişoara şi vanilia şi se stropeşte amestecul peste şi în jurul pâinii.

f) Coaceţi aproximativ 30 de minute, sau până când se rumenesc.

78.tort cu ceapă spaniolă

INGREDIENTE:
- ½ lingurita Ulei de masline
- 1 litru ceapă spaniolă
- ¼ cană Apă
- ¼ cană Vin roșu
- ¼ de lingurita Rozmarin uscat
- 250 de grame Cartofi
- 3/16 cană Iaurt natural
- ½ lingură Făină simplă
- ½ Ou
- ¼ cană branza parmezan
- ⅛ cană Pătrunjel tocat

INSTRUCȚIUNI:
a) Pregătiți ceapa spaniolă tăind-o felii subțiri și râzând cartofii și parmezanul.
b) Într-o tigaie cu fundul greu, încălziți uleiul. Gatiti, amestecand din cand in cand, pana ce ceapa este moale.
c) Se fierbe timp de 20 de minute sau până când lichidul s-a evaporat și ceapa a căpătat o culoare maro-închis-roșiatică.
d) Se amestecă rozmarinul, cartofii, făina, iaurtul, ouăle și parmezanul într-un castron. Se amestecă ceapa.
e) Într-un vas de flan de 25 cm bine uns, întindeți ingredientele uniform. Preîncălziți cuptorul la 200°C și coaceți timp de 35-40 de minute, sau până când se rumenesc.
f) Se ornează cu pătrunjel înainte de a tăia felii și de a servi.

79.Sufleu spaniol la tigaie

INGREDIENTE:
- 1 Cutie de orez brun rapid spaniol
- 4 ouă
- 4 uncii Ardei iute verde tocat
- 1 cană Apă
- 1 cană Cașcaval ras

INSTRUCȚIUNI:
a) Urmați ambalajul **INSTRUCȚIUNI:** pentru gătirea cuținutului cutiei.
b) Când orezul este gata, amestecați ingredientele rămase , cu excepția brânzei.
c) Acoperiți cu brânză rasă și coaceți la 325°F timp de 30-35 de minute.
d)

BĂUTURI

80. Rom & Ghimbir

INGREDIENTE:
- 50 ml rom Bacardi
- 100 ml bere de ghimbir
- 2 felii de lime
- 2 liniute Angostura bitter
- 1 crenguță de mentă

INSTRUCȚIUNI:
a) Adăugați gheață într-un pahar.
b) Adăugați suc de lime, rom, bere cu ghimbir și bitter .
c) Amestecați ușor ingredientele.
d) Se orneaza cu o felie de lime și frunze de mentă.
e) Servi.

81.Sangria spaniolă

INGREDIENTE:

- 1 portocală, feliată
- 2 lămâi, feliate
- 1/2 cană zahăr
- 2 sticle de vin roșu
- 2 uncii triple sec
- 1/2 cană cuiac
- 2 cutii (12 uncii) sifon cu lămâie-lamaie

INSTRUCȚIUNI:

a) Într-un castron mare pentru punch, feliați portocala și lămâile în felii groase de 1/8 inch.
b) Adăugați 1/2 cană de zahăr (sau mai puțin, dacă doriți) și lăsați fructele să se înmoaie în zahăr timp de aproximativ 10 minute, doar suficient pentru ca sucurile naturale ale fructelor să curgă.
c) Adăugați vinul și amestecați bine pentru a dizolva zahărul.
d) Se amestecă triple sec și brandy.
e) Adăugați 2 cutii de sifon și amestecați
f) Adăugați mai mult zahăr sau sifon, dacă doriți. Verificați dacă zahărul s-a dizolvat complet.
g) Pentru a răci complet bolul pentru punch, adăugați o cantitate mare de gheață.
h) Dacă serviți sangria în ulcioare, umpleți-le până la jumătate cu gheață și apoi turnați sangria peste ea.

82.Tinto de verano

INGREDIENTE:
- 3 până la 4 cuburi de gheață
- 1/2 cană vin roșu
- 1/2 cană sifon lămâie-lime
- Feliie de lamaie, pentru decor

INSTRUCȚIUNI:
a) Într-un pahar înalt, puneți cuburile de gheață.
b) Adăugați vinul roșu și sifonul.
c) Serviți cu o felie de lămâie ca garnitură.

83. Sangria de vin alb

INGREDIENTE:
- 3 portocale medii sau 1 cană suc de portocale
- 1 lămâie, tăiată felii
- 1 lime, tăiată felii
- 1 sticla de vin alb, racit
- 2 uncii de cuiac, opțional
- 2/3 cană zahăr alb
- 2 cesti de sifon sau ginger ale

INSTRUCȚIUNI:
a) Într-un ulcior, stoarceți sucul din felii de citrice.
b) Scoateți semințele și aruncați felii, dacă este posibil. Umpleți ulciorul cu suc de portocale dacă îl folosiți în schimb.
c) Turnați vinul alb peste fructele din ulcior.
d) Adăugați cuiacul și zahărul, dacă folosiți. Pentru a vă asigura că tot zahărul este dizolvat, amestecați energic.
e) Păstrați-l la frigider dacă nu îl serviți imediat.
f) Pentru a păstra sangria strălucitoare, adăugați berea cu ghimbir sau sifonul club chiar înainte de servire.

84. Horchata

INGREDIENTE:
- 1 cană de orez alb cu bob lung
- 1 baton de scortisoara, rupt
- 1 lingurita coaja de lime
- 5 căni de apă de băut (împărțite)
- 1/2 cană zahăr granulat

INSTRUCȚIUNI:
a) Pulverizați orezul într-un blender până ajunge la o cusistență făinoasă.
b) Se amestecă cu batonul de scorțișoară și coaja de lămâie și se lasă să se odihnească într-un recipient ermetic la temperatura camerei peste noapte.
c) Puneți amestecul de orez în blender și procesați până când bucățile de scorțișoară sunt complet rupte.
d) Adăugați 2 căni de apă în amestec.
e) Înmuiați-l la frigider pentru câteva ore.
f) Se strecoară lichidul printr-o sită fină sau câteva straturi de pânză într-un ulcior sau un castron, strângând frecvent pentru a îndepărta cât mai multă apă de orez cu lapte.
g) Se amestecă 3 căni de apă și zahărul până când zahărul este complet dizolvat.
h) Răciți horchata înainte de servire.

85.Licor 43 Cuba Libre

INGREDIENTE:
- 1 uncie Licor 43
- 1/2 uncie rom
- 8 uncii de cola
- 1/2 uncie suc de lamaie
- Feliie de lamaie, pentru decor

INSTRUCȚIUNI:
a) Pune cuburile de gheață într-un pahar de 12 uncii.
b) Introduceți Licor 43 și romul în pahar; completați cu cola.
c) Stoarceți sucul de lămâie în pahar; Se amestecă pentru a combina; si serveste cu o felie de lamaie ca garnitura.
d) Bucurați-vă!

86. Fruit Apa dulce

INGREDIENTE:
- 4 căni de apă de băut
- 2 cani de fructe proaspete
- 1/4 cană zahăr
- 2 linguriţe de suc de lămâie proaspăt stors
- felii de lime pentru ornat
- Gheaţă

INSTRUCŢIUNI:
a) Combinaţi apa, zahărul şi fructele într-un blender.
b) Se face piure până la omogenizare completă. Umpleţi un ulcior sau un recipient de servire la jumătate cu amestecul.
c) Adăugaţi sucul de lămâie şi amestecaţi pentru a se combina. Dacă este necesar, adăugaţi mai mult zahăr după degustare.
d) Serviţi cu o bucată de lămâie sau lime ca garnitură.
e) Dacă doriţi, serviţi peste gheaţă.

87. Caipirinha

INGREDIENTE:
- 1/2 lime
- 1 1/2 linguriță de zahăr superfin
- 2 uncii cachaça/Lichior de trestie de zahăr
- Roata de var, pentru garnitura

INSTRUCȚIUNI:
a) Tăiați jumătate de lime în felii mici folosind un cuțit.
b) Se amestecă limea și zahărul într-un pahar de modă veche.
c) Adăugați cachaça în băutură și amestecați bine.
d) Se adaugă în pahar cuburi mici de gheață sau gheață spartă, se amestecă din nou, apoi se ornează cu o roată de lime.

88. Carajillo

INGREDIENTE:
- ½ cană de espresso preparat sau decofeinizat
- 1 ½ până la 2 uncii Licor 43
- 8 cuburi de gheață

INSTRUCȚIUNI:
a) Turnați 12 până la 2 uncii de Licor 43 peste gheață într-un pahar de modă veche.
b) Puneți încet espresso proaspăt preparat deasupra.
c) Turnați espresso-ul peste spatele unei linguri pentru a crea un efect de etaje, apoi serviți.

89. Lichior de lamaie

INGREDIENTE:
- De preferat 10 lămâi organice
- 4 căni de vodcă de înaltă calitate precum Grey Goose
- 3 ½ căni de apă
- 2 ½ căni de zahăr granulat

INSTRUCȚIUNI:
a) Spălați lămâile cu o perie de legume și apă fierbinte pentru a îndepărta orice reziduuri de pesticide sau ceară. Se usucă lămâile.
b) Scoateți coaja de la lămâi în fâșii lungi cu un curățător de legume, folosind doar partea exterioară galbenă a cojii. Mida, care este partea albă de sub coajă, este extrem de amară. Păstrați lămâile pentru a le folosi într-un alt fel de mâncare.
c) Într-un borcan mare sau ulcior, turnați vodca.
d) Aruncați cojile de lămâie în borcanul sau ulciorul mare și acoperiți cu un capac sau folie de plastic.
e) Înmuiați cojile de lămâie în vodcă la temperatura camerei timp de 10 zile.
f) După 10 zile, puneți apa și zahărul într-o cratiță mare la foc mediu și aduceți la fierbere lent, aproximativ 5 – 7 minute. Se lasa sa se raceasca complet.
g) Luați siropul de pe foc și lăsați-l deoparte să se răcească înainte de a-l combina cu amestecul Limoncello de coajă de lămâie și vodcă. Umpleți amestecul de lămâie/vodcă până la jumătate cu sirop de zahăr.
h) Folosind o strecurătoare cu plasă, un filtru de cafea sau o cârpă de brânză, strecoară limoncello.
i) Aruncați cojile. Folosind o pâlnie mică, transferați în sticle decorative cu cleme.
j) Dă sticlele la frigider până când sunt complet reci.

90.Sgroppino

INGREDIENTE:
- 4 oz de vodcă
- 8 oz Prosecco
- 1 lot de sorbet de lamaie
- Garnituri optionale
- coaja de lamaie
- felii de lamaie
- răsucire de lămâie
- frunze de mentă proaspătă
- frunze proaspete de busuioc

INSTRUCȚIUNI:
a) Într-un blender, combinați primele trei ingrediente .
b) Procesați până la omogenizare și omogenizare.
c) Serviți în fluturi de șampanie sau pahare de vin.

91. Aperol Spritz

INGREDIENTE:
- 3 uncii de prosecco
- 2 uncii Aperol
- 1 uncie sifon de club
- Garnitura: felie de portocala

INSTRUCȚIUNI:
a) Într-un pahar de vin umplut cu gheață, amestecați prosecco, Aperol și sifon.
b) Adaugă o felie de portocală ca garnitură.

92. Gingermore

INGREDIENTE:
- 1 oz suc de lamaie
- 2 felii mici de ghimbir proaspăt
- 4 mure
- Sanpellegrino Limonata

INSTRUCȚIUNI:
a) Încurcă murele și ghimbirul proaspăt în fundul unui pahar înalt și rezistent (capacitate de 14 oz).
b) Introduceți cuburi de gheață în pahar și acoperiți cu Sanpellegrino Limonata.
c) Folosind o lingură de bar, combinați ușor ingredientele.
d) Adăugați coaja de lămâie, murele și menta proaspătă pentru decor.

93. Hugo

INGREDIENTE:
- 15 cl Prosecco, rece
- 2 cl sirop de soc sau sirop de melisa
- câteva frunze de mentă
- 1 suc de lămâie proaspăt stors, sau suc de lămâie
- 3 cuburi de gheata
- împușcat apă minerală spumante sau apă sodă
- felii de lămâie, sau lime pentru decorarea paharului sau ca garnitură

INSTRUCȚIUNI:
a) Pune cuburile de gheață, siropul și frunzele de mentă într-un pahar de vin roșu. Recomand să mângâiați ușor frunzele de mentă în prealabil, deoarece acest lucru va activa aroma plantei.
b) Se toarnă în pahar suc de lămâie sau lămâie proaspăt stors. Pune o felie de lamaie sau lime in pahar si adauga Prosecco rece.
c) După câteva clipe, adăugați un strop de apă minerală spumante.

94. Frappé spaniol de fructe proaspete

INGREDIENTE:
- 1 cană Pepene verde , tăiat cubulețe
- 1 cană Cantalup , cuburi
- 1 cană Ananas , tăiat cubulețe
- 1 cană Mango , feliat
- 1 cană Căpșuni , tăiate la jumătate
- 1 cană Suc de portocale
- ¼ cană Zahăr

INSTRUCȚIUNI:

a) Combinați toate ingredientele într-un bol de amestecare. Umpleți blenderul până la jumătate cu cuținutul și completați-l cu gheață spartă.

b) Acoperiți și amestecați la viteză mare până obțineți o cusistență cusistentă. Rep cu restul amestecului.

c) Se servește imediat, cu fructe proaspete în lateral, dacă se dorește.

95. Ciocolată caldă în stil spaniol

INGREDIENTE:
- ½ kilograme Ciocolata dulce pentru brutari
- 1 litru Lapte; (sau 1/2 lapte jumatate apa)
- 2 lingurite Amidon de porumb

INSTRUCȚIUNI:
a) Rupeți ciocolata în bucăți mici și combinați-o cu laptele într-o oală.
b) Se încălzește încet, amestecând custant cu un tel, până când amestecul ajunge chiar sub punctul de fierbere.
c) Folosind câteva lingurițe de apă, dizolvați amidonul de porumb.
d) Amestecați amidonul de porumb dizolvat în amestecul de ciocolată până când lichidul se îngroașă.
e) Serviți imediat în pahare calde.

96. Chinotto verde

INGREDIENTE:
- 1 oz/3 cl sirop de salvie și mentă
- ¾ oz/2,5 cl suc de lămâie
- Completați cu Sanpellegrino Chinotto

INSTRUCȚIUNI:
a) Turnați tot siropul și sucul într-un pahar mare și rezistent.
b) Folosind o lingură de bar, amestecați totul cu grijă.
c) Adăugați gheață în pahar și completați cu Sanpellegrino Chinotto.
d) Serviți cu un segment de lime și mentă proaspătă ca garnitură.

97. Rose Spritz

INGREDIENTE:
- 2 uncii de trandafir Aperitivo sau lichior de trandafiri
- 6 uncii Prosecco sau vin spumant
- 2 uncii de sifon
- Felie de grapefruit pentru ornat

INSTRUCȚIUNI:
a) Într-un shaker de cocktail, combinați 1 parte de aperitiv cu trandafiri, 3 părți de Prosecco și 1 parte de sifon.
b) Se agită energic și se strecoară într-un pahar de cocktail.
c) Adăugați gheață pisată sau cuburi de gheață.
d) Adăugați o felie de grapefruit ca garnitură. Bea cât mai curând posibil.

98.Cortado de albine

INGREDIENTE:
- 2 shot-uri de espresso
- 60 ml lapte aburit
- 0,7 ml sirop de vanilie
- 0,7 ml sirop de miere

INSTRUCȚIUNI:
a) Faceți un espresso dublu.
b) Aduceți laptele la fiert.
c) Se amestecă cafeaua cu siropurile de vanilie și miere și se amestecă bine.
d) Spumați un strat subțire deasupra amestecului de cafea/sirop adăugând părți egale de lapte.

99.Amărui de citrice

INGREDIENTE:
- 4 portocale de preferat organice
- 3 linguri. anason stelat
- 1 lingura. cuișoare
- 1 lingura. păstăi verzi de cardamom
- 1 lingura. rădăcină de gențiană
- 2 căni de vodcă sau alt alcool tare

INSTRUCȚIUNI:
a) Într-un borcan de sticlă, adăugați coaja/coaja uscată de portocală, celelalte cudimente și rădăcina de gențiană. Pentru a descoperi semințele din păstăile de cardamom, zdrobiți-le.
b) Folosind un alcool puternic la alegere, acoperiți complet cojile de portocală și cudimentele.
c) Agitați amestecul cu alcoolul pentru următoarele zile. Lăsați câteva zile până la săptămâni pentru ca cojile de portocală și cudimentele să pătrundă în alcool.
d) Din tinctura de alcool acum aromată, strecoară cojile și cudimentele.

100. Pisco Sour

INGREDIENTE:
- 2 oz pisco
- 1 oz sirop simplu
- ¾ oz suc de lamaie
- 1 albus de ou
- 2-3 liniute Angostura bitter

INSTRUCȚIUNI:
a) Amestecă pisco, sucul de lămâie, siropul simplu și albușul de ou într-un shaker.
b) Adăugați gheață și agitați agresiv.
c) Se strecoară într-un pahar vintage.
d) Acoperiți spuma cu câteva stropi de Angostura bitter.

CUCLUZIE

Pe măsură ce ne încheiem călătoria noastră culinară prin țara celor o mie de peisaje, sper că această carte de bucate te-a transportat pe țărmurile însorite, piețele pline de viață și satele pitorești din Andaluzia. Prin aceste 100 de rețete autentice, am sărbătorit aromele vibrante, tradițiile bogate și ospitalitatea caldă care definesc bucătăria andaluză.

Vă mulțumesc din suflet pentru că mi-ați fost alături în această aventură gastronomică. Entuziasmul tău pentru a explora aromele Andaluziei a făcut această călătorie cu adevărat specială. Fie ca rețetele pe care le-ați descoperit în această carte de bucate să vă inspire să creați experiențe culinare memorabile care să surprindă esența bucătăriei andaluze și să vă aducă bucurie la masă.

Pe măsură ce cutinuați să explorați deliciile culinare ale Andaluziei, fie ca fiecare fel de mâncare pe care îl pregătiți să fie un tribut adus moștenirii culturale bogate și tradițiilor culinare ale acestei regiuni fascinante. Fie că savurați un castron de gazpacho într-o zi fierbinte de vară, să vă bucurați de tapas cu prietenii sau să vă răsfățați cu o tocană copioasă într-o seară răcoroasă, fie ca aromele Andaluziei să vă transporte într-un loc de căldură, bucurie și deliciu culinar.

Îți mulțumesc încă o dată pentru că mi-ai permis să fac parte din călătoria ta culinară prin Andaluzia. Până ne întâlnim din nou, bucătăria ta să fie plină de aromele vibrante, aromele și amintirile acestei frumoase regiuni. ¡Buen provecho y hasta luego!

www.ingramcontent.com/pod-product-compliance
Lightning Source LLC
Chambersburg PA
CBHW050200130526
44591CB00034B/1492